GWEDDILL STWFF

Geraint Løvgreen

Carreg Gwalch

Argraffiad cyntaf: 2025

ISBN clawr meddal: 978-1-84527-969-1

Cyhoeddwyd gyda chymorth Cyngor Llyfrau Cymru

Cynllun y clawr a'r gwaith celf tu mewn: Almon

Cyhoeddwyd gan Wasg Carreg Gwalch,
12 Iard yr Orsaf, Llanrwst, Dyffryn Conwy, Cymru LL26 0EH.
Ffôn: 01492 642031
e-bost: llyfrau@carreg-gwalch.cymru
lle ar y we: www.carreg-gwalch.cymru

Argraffwyd a chyhoeddwyd yng Nghymru

I Ifor a Betsan, a Huw ac Iwan

Rhagair

Ym mis Tachwedd 1997 ymddangosodd *Holl Stwff Geraint Løvgreen (heblaw'r pethau* ofnadwy *o wael)*. A rŵan dyma *Gweddill Stwff Geraint Løvgreen* – digon i bara am chwarter canrif arall. Dyma stwff ar gyfer pob achlysur – eisteddfodau, noson lawen, ysgol, capel, tafarn... y tro yma efo codau QR! Felly mae'n bosib gweld/clywed sut mae'r caneuon i fod i swnio. Diolch i Mererid am roi trefn ar y rybish 'ma, i Myrddin am ei ffydd, ac i bawb sydd wedi helpu mewn unrhyw ffordd. Ac wrth gwrs i chi am feddwl bod y stwff 'ma'n werth ei ddarllen.

Cynnwys

GWEDDILL STWFF *Cerddi*

Syd

Scouser oedd Syd
from Liverpool
Mi gwrddodd Gymraes
hardd, fywiog, cool
Syrthiodd mewn cariad
priodi fu'i hynt
Ymgartrefodd y ddau
yn rhywle'n sir Fflint
Daeth tri o blant –
Cymry, mewn ffaith
Doedd Syd ddim am
eu hamddifadu o'u hiaith
Câi'r rhain Gymraeg
yn syth o'r crud
a Syd yn dysgu
yr un un pryd

Sgowsar Cymraeg
oedd Syd cyn hir
a'n hen, hen iaith
yn dal ei thir
a phlant y plant
a'u plantos nhw
i gyd yn Gymry
ar fy llw

Diolch i'r bobol
sydd bob dydd
yn bwrw iddi
yn llawn ffydd
i ddweud yn glir
wrth bawb a glyw
Mi fydd yr hen iaith
yma'n fyw

Mae miloedd fel Syd
yn ein gwlad
ond dim ond un Syd.
Fo oedd fy nhad.

Eirlys

Fe'i ganwyd ar y trydydd dydd o'r mis
yn eirlys fechan gref yn nhir y ffin.
Y ddewisedig un i gario'r gist,
yr unig un i deimlo gwerth ei rhin.
Ac yn ei gofal mamol hi a 'nhad
fe gawsom gariad pur, a chymaint mwy,
gan etifeddu trysor prin ein gwlad
i'w basio 'mlaen i'n plant, a'u plantos hwy.
Ei ffydd Gristnogol roddai iddi nerth
i weld y da ym mhawb, ac nid y gwael.
Nid rheswm fynnai fod gan bawb ei werth,
dim ond rhyw reddf, a chydymdeimlad hael.
A heddiw, pan edrychaf ar fy chwaer
dwi'n dal i weld gwythïen loyw'r aur.

I Leri yn 50 *(15/11/2005)*

Leri, ti'n un ferch mewn miliwn,
yn rhyfeddod a mwy yn y bôn;
den ni'n briod ers dros chwarter canrif
so dwi'n gwbod am be ydwi'n sôn.

Ti 'di byw bron i hanner can mlynedd,
ac mae hynny yn wyrth, ddeudwn i;
nid y ffaith iti fyw'r holl flynyddoedd hyn,
ond mi dreuliaist eu hanner 'fo fi.

Mae hynny yn ddigon rhyfeddol,
yn ffaith sy'n 'y ngwneud i yn syn,
ond mwy gwyrthiol fyth, drwy'r blynyddoedd i gyd,
chest ti'm cymaint ag un blewyn gwyn.

Colli iaith

Brodor o Sir Ddinbych dwi, o Wrecsam, yn y bôn,
a dyna lle y dysgais i i siarad, 'n ôl y sôn;
mi dreuliais fy llencyndod i ym mwynder Maldwyn hardd
a heuwyd hadau yno wnaeth fy ngwneuthur i yn fardd.
Ond bellach dwi yng Ngwynedd – ac O. Mai. God.
dwi'n dal fy hun yn amal yn siarad braidd yn od.
O 'ngheg i, mi ddaw 'llefrith' lle unwaith deuai 'llaeth'
a 'hogyn' yn lle 'bachgen', a lot o bethau gwaeth,
mi ddeuda i mai 'hogan', nid 'geneth', ydi'n chwaer
a dwi'n mynd 'i fyny'r grisiau' yn lle mynd 'fyny staer'.
Ac yn lle mynd i'r 'dafarn' dwi'n mynd i'r 'pyb' am gwrw
a phan ma'i'n glawio dwi di dal fy hun yn deud ma'i'n 'bwrw'.
Yn achlysurol iawn mi ddeuda'i 'disgyn' yn lle 'syrthio', ac yn
ddiweddar dwi di llithro i ddeud 'becyn' yn lle 'bacyn':
dwi'n 'mwydro' yn lle 'ponsho' a deud 'stryd' yn lle deud 'stryt'
'corn fflêcs' yn lle deud 'cornfflecs', a 'cachu' yn lle 'shit'.

Dwi wedi cael hen ddigon, a'i nôl i Glwyd i fyw,
yn unswydd er mwyn cadw fy hen iaith i yn fyw.

'Swn i'n licio bod yn brifardd

'Swn i'n licio bod yn fragwr fel y Prifardd Myrddin ap
a drachtio'n ddwfn o Gwrw Llŷn o fore tan stop tap.
'Swn i'n licio bod yn Gocni fel y Prifardd Ifor Glyn,
cael seti gorau yn White Hart Lane ac yfed London Gin.
'Swn i'n licio bod yn chwedl fel y Prifardd Alan Llwyd,
a sgwennu ambell lythyr cas rhwng bwyta lot o fwyd.
'Swn i'n licio bod yn walltog fel y Prifardd Eurig Salsbri,
a gallu cerdded dros y Maes heb gael fy ngalw'n baldi.
'Swn i'n licio bod yn rapiwr fel y Prifardd Nei Karadog,
a bod yn aelod band hip-hop efo rafins o Borthmadog.
'Swn i'n licio bod yn ddoniol fel y Prifardd Hywel Pitts,
ond ddim fel y Welsh Whisperer, mae o'n mynd ar 'y nhits.
'Swn i'n licio bod yn roc'n'rôl fel y Prifardd Iorwerth (Rhys)
yn slagio holl dre'r Bala off tra'n codi fy nau fys.
'Swn i'n licio bod yn eneth fel y Prifardd Elinor Gwynn,
cael cerdded rownd y Maes mewn ffrog heb neb yn syllu'n syn.
'Swn i'n licio bod yn awdur fel y Prifardd Guto D.,
cadeirio sgyrsiau'r Babell Lên tra'n sgwennu llyfr neu dri.
'Swn i'n licio bod yn ifanc fel y Prifardd Iestyn Tyne,
ond dydwi ddim yn ifanc mwy. Ond hei, ma hynny'n fine.
A phetaswn i yn brifardd yn eisteddfod wych eleni
'swn i'm yn mynd 'nôl adre byth o 'nghadair yn y Fenni.

Bardd y mis

Bardd y mis?
O, c'mon, plis!
Does genna'i'm y ddawn
i farddoni'n iawn
mewn cynghanedd sain,
cyflythrennu cain,
creu delweddau hardd
achos dwi'm yn fardd!
Dwi 'di deud o'r blaen,
dwi ddim isio'r straen
o fod yn fardd go iawn
hyd yn oed am bnawn,
felly pam dwi yma
fel rhyw fardd drama?
Rhigymwr ydw i,
limrigwr o fri,
go lew efo geirie
ond sgenna'i'm cadeirie
'blaw rhai o siop Perkins
ac un 'nes i'n woodwork, un s-
-sy gen i ers oes
efo dim ond tair coes.
A sgenna'i ddim coron a
gen i ofn y corona
feirws, dwi heb fynd
i le'm byd, heb weld ffrind
na neb arall ers oes pys

a does genna'i ddim brys
i neud, chwaith, ond am hynny
sgenna'i'm byd i sgwennu,
'mond deud ac ailadrof
NAD bardd mohonof!

newid meddwl

dwi isio newid meddwl, ma'r un sy gen i'n hen
ac wedi ei orlenwi efo ffeithie bach myndên
dwi'n sylwi wrth heneiddio 'mod i'n dechre ffwndro dwtsh
dwi'n anghofio pethe pwysig ac yn cofio pob rhyw rwtsh

dwi isio newid meddwl, ma'r un sy gen i'n hen
dwi isio cael un newydd sbon o'r siop, mewn seloffên
dwi'n meddwl yn dragywydd am syniadau hollol hurt
a'n breuddwydio am gêm dennis efo Boris ar y cyrt

dwi isio newid meddwl, ma'r un sy gen i'n hen
dwi byth yn cofio enw neb, ma'r holl beth yn insên
dwi'n treulio fy holl oriau sbâr yn pori ar Tic Toc
yn gwylio fidios boring gan ryw foi sy'n trwsio cloc

dwi isio newid meddwl, ma'r un sy gen i'n hen
fel na fyddaf i byth eto yn camgymryd John am Jên
rhyw olchiad ymenyddol fysa'n dda, dan law y Toris
a chael ymennydd newydd hollol wag fel Nadine Dorries

dwi isio newid meddwl, ma'r un sy gen i'n hen
a'i gelloedd yn crebachu wedi oes yn y ffast lên
felly er mwyn gallu gadael yr hen fyd 'ma efo gwên
dwi am fynd i'r gyfnewidfa: dwi isio newid brên.

Limrigau

Roedd dyn bach yn byw'n Aberteifi
yn hoff iawn o datws a greifi:
    roedd ei wraig, o Nanhoron,
    yn hoff iawn o foron –
dyna pam roedd ei gwallt hi yn weifi.

Roedd dyn bach yn byw yn Llandrindod;
roedd o'n iawn, ond roedd genno fo ffrind od
    ble bynnag yr âi
    yn y byd, fwy neu lai,
fydda'i ffrind o yn siŵr o ddeud "dwi'n dod".

Roedd dyn bach yn byw'n Abertawe,
ac roedd rhywbeth yn bod ar ei law e,
    roedd o'n honni nad fo
    oedd "the Red Scarlet Claw"
ond roedd pobol yn eitha siŵr taw e.

Pan oeddwn i'n byw yn Uganda
o'n i'n cyd-fyw mewn cwt efo panda,
    cyn i Idi Amin
    gyhoeddi yn flin
"Cer adre a phrioda Amanda!"

Pan oeddwn i'n byw yn Awstralia
o'n i'n ysu am ddod 'nôl i Walia:
    dim ond fi oedd fel hyn,
    oedd y teulu'n reit syn
a'n deud "snad wyt ti'n licio fo, smalia!"

Mi welais hen wraig o Langefni
oedd â dau lygad sbâr ar ei chefn'i.
    Ac er sbio'n reit od,
    roedd hi'n dedli, gwd god,
wrth fynd fyny a lawr E Ffôr Sefn'i.

Mi glywais am ddyn bach o Crewe
oedd ychydig yn drymaidd ei glyw.
    Cafodd lifft ganol nos
    gan ryw foi byddar bost
A bellach mae'r ddau ym Mheriw.

Roedd dyn bach yn byw ym Methesda
âi i gefn ei fan am siesta.
    Un dydd gwnaeth fistêc
    ac anghofiodd roi'r brêc:
mae o bellach yn byw yn Man-chesta.

Crochenydd o ardal Ffostrasol
ddewisodd ei rifau'n bwrpasol
    ac ennill y Loteri.
    Fe werthodd y Pottery
a throi mewn i dipyn o asol.

Mae Nantlle yn bentre bach od.
Mae'r pentrefwyr yn hoff iawn o Pod.
    'Den nhw ddim yn ei ddallt,
    ond yn hoff iawn o'i wallt,
a'n addoli'r boi, jyst fatha God.

Mae 'nheulu i'n byw'n Nhalebolion,
sy'n bentre bach od; mae'r trigolion
    naill ai'n hynod o dew
    neu yn hollol ddi-flew.
Ond eto, maen nhw'n unigolion.

Mae'n bentre bach od; mae'r trigolion
i gyd yn addoli ysgolion.
    Erbyn hyn dim ond dau
    sydd yn 'rysgol iau,
ac eto mae'r lle'n brin o stolion.

Pan aethom i dref Aberystwyth
nid deg oedd ein nifer ni, jyst-wyth,
    ond pan aethom i'r Borth,
    sy 'mond chydig i'r north,
daeth lot mwy nag wyth – daeth sawl byslwyth.

Roedd bwtsiwr yn byw'n Abersoch
ac roedd ganddo lais swynol fel cloch;
    roedd yn canu soprano,
    ac yng nghefn ei fan o
roedd piano, ffrog côr a chig moch.

Gen i fodryb yn byw'n Cincinatti
sydd yn casglu hen stwff Madame Patti;
    Mae'n eu cael nhw drwy'r post
    ac er gwaethaf y gost
daliaf ati i'w hanfon nhw ati.

Pan oeddwn i'n byw yn Cross Hands
o'n i'n chwarae mewn grwpiau a bands
    O'n i'n chwarae bas dwbwl
    ond rhois 'gorau i'r cwbwl
pan gefais i drwbwl 'fo 'nglands.

Pan oeddwn i'n byw yn Hong Kong
cefais lond bol ar chwarae ping pong
    heb fat a heb bêl,
    aeth yr holl beth yn stêl:
erbyn hyn dwi 'di troi at Mah Jong.

Pan oeddwn i'n byw yn Llandeilo
oedd y ngwely di'i gladdu dan beil o
    hen focsys a jync.
    Doedd na'm lle yn y bync
felly cysgwn yn 'bathrwm, ar leilo.

Pan oeddwn i'n byw'n Timbyctŵ
o'n i'n swil – ddeudwn i'm be na bw.
    Ond newidiais i lot
    ar ôl symud i Sblot
a rŵan dwi'n "Gerallt! Iŵ-hŵŵ!"

Pan oeddwn i'n byw yn Taiwan
aeth fy noniau fel bardd lawr y pan.

Siopa

Roedd **frédéric chopin** bob amser yn siopa,
roedd **siopa'n** weithgaredd a hoffai'n fawr iawn,
ac mae gen i stori am **chopin** a **verdi**
(un **fer 'di**) yn gwneud siopa bach un prynhawn.
Roedd **liszt** siopa **chopin** yn ei esgid – ei **schu, man**,
ac fe aethant i chydig o st**rach – 'ma 'ni 'noff**.
Fe dynnodd ei **schu, byt,** ei draed oedd yn drewi
a'r siopwr yn gweiddi "oi, **chopin, prokoff**!"(-ieff)
Ar hynny rhoth **chopin** ei **wag'n'er** gornel
a bygwth vivienne, gwraig y siopwr, yn **grieg**,
nes i honno gael llond bol a lluchio pawb allan
a chaeodd **viv aldi** mewn tymer reit big.
Ond roeddent mewn **bar tok** yn sgwrsio â'r barmed,
"dangosa **debussy**," ebe **chopin** yn hy,
a wedyn fe gawson nhw **glinka** o noson
yn canu carioci – wel, **pa gân i ni**?
A daeth amser cau ac roedd **hayd'n** nhw fynd adre
a bag siopa **chopin** yn dynn yn ei law
ond torrodd yr **handel** a'r neges a chwalodd
i gwter a draens **stradivarius** stryd fawr.

Teulu od y Treigladau

Gadewch i mi gyflwyno fy nheulu bach i chi,
'dan ni'n deulu digon rhyfedd, y **Treigladau** ydyn ni.

Mae gen i fodryb Thelma, a hi 'di'r **treiglad llaes**,
y mae hi bron â marw, mae'n hen-ffasiwn fel ei staes.
Ond mae hi'n dal i rygnu mlaen, drwy heulwen a **th**rwy heth,
achos chydig iawn o enwau sydd yn dechrau efo 'th'.
Mae hi wrthi'n canu'i **th**elyn yn ei **th**ŷ i'w **ch**ath a'i **ch**i,
be wnâi fy modryb Thelma, tybed, heb ei **ph**ethau hi?

Fy **ngh**efnder ydi Ngorman. Mae '**ngh**efnder i mewn trwbwl.
Y **treiglad trwynol** ydi o, ond dio'm yn iach o gwbwl.
Yr unig le dwi'n weld o'n amal ydi ar ôl 'fy',
wel, deud y gwir, lle arall fasa rhywun yn deud 'ngh'?
Fy **ngh**efnder i, fy **ngh**adair i, fy **ngh**yfaill i, fy **ngh**aws ...
ond 'cefnder fi' dio erbyn hyn – wel, 'tydio gymaint haws?
Ac er mai yng **Ngh**aernarfon roedd o'n byw ers lawer dydd,
mae o wedi symud bellach i dŷ teras yn **G**aerdydd.

Achos fi, y **treiglad meddal**, wel dwi'n **f**yw ac iach o hyd,
dwi yma yn **G**aernarfon, **g**ewch chi **g**lywed fi ar y stryd,
mi **b**ryna'i **f**ag o **j**ips neu **f**ynd allan am **J**einî,
yr unig un o'r teulu bach sy'n dal i **f**ynd – 'di Fi.

Gyda chi

"Dewch â phecyn bwyd i'r ysgol fory gyda chi,"
meddai'r brifathrawes fore Mercher wrthon ni.
A dyma fi mewn trwbwl rŵan yn ei swyddfa hi –
Sut wyddwn i nad isio cwarfod Mot oedd arni hi?

Hi a'i phecyn treiglad llaes.

Newid enw

Mi hoffwn newid enw, 'di Løvgreen ddim yn cŵl,
mae'n cael ei gamsillafu o hyd gan ambell ffŵl;
dwi am ei newid fory i rywbeth call fel Jones,
a thra y bydda'i wrthi mi newidia i fy nhrôns.

Mi allwn i ei newid i rywbeth efo 'ap',
Hen Ffordd Gymreig, ond na, mae'r system honno braidd yn
crap.
Ac fel 'Myrddin', neu fel 'Ifor', mae'n swnio mor hen-ffasiwn,
fel enw boi sy'n arwain gweddi fer ar ddiwedd sasiwn.

Na, dwisio enw trendi, dwi isio enw 'in',
Cymraeg, ond hollol with-it, fel Gruff Rhys neu Ceri Wyn.
Dwi'm isio diodde ffyliaid yn dod ataf yn eu myrdd,
a'r cwestiwn hollol wreiddiol gan bob un: "Ti'n caru gwyrdd?"

Ac wedi newid enw, efallai'n wir y daw
y dydd pan na fydd tasgau'r Talwrn byth heb ddod i'm llaw
tan wythnos cyn yr ornest. Ar fy enw y mae'r bai
am bopeth gwael sy'n digwydd yn fy mywyd, fwy neu lai.

Newidiais f'enw heddiw felly, jyst fel newid crys,
(newidiais hwnnw hefyd, am un check lliw gwyrdd fel pys).
Dwi'n berson hollol newydd; sgwennais hon heb dorri chwys;
newidiais fy hunaniaeth, a throi yn Ifan Prys.

Yn ôl ac ymlaen

Yn ôl fy nhad fe'm ganwyd
Ym Mlaen-plwyf yn yr ha',
Yn ôl 'n y dyddiau hynny
Ymlaen roedd popeth da.
Yn ôl ei droed y cerddais
Ymlaen trwy droeon byw,
Yn olaf yn y teulu,
a byth ym mlaen y ciw.
Yn o lew oedd fy mywyd,
cyn imi ddod ymlaen,
Yn olffiwr proffesiynol
yn Costa Avante Sbaen.
Yn ôl y des i Brydain
ond ym mlaen y car ryw ddydd,
yn Oldyrshot neu rywle,
dioddefais ddolur rhydd.
Ac ers y diwrnod hwnnw
yn ôl a 'mlaen yr af
i'r tŷ bach bob dau funud -
wps, 'sgiwsiwch fi, dwi'n glaf.

Pe cawn i

Pe cawn i bunt am bob tro rydwi wedi diodde cam
mewn Talwrn, 'swn i'n filiwnêr a byth yn brin o jam;
sawl gwaith dwi wedi eistedd yn cnoi 'nhafod yn 'y ngheg
wrth dderbyn naw a hanner marc am gân sy'n haeddu deg?
Dwi'm isio naw a hanner – 'sa'n well gen i gael tri
na diodde'r hanner marc bach 'ne yn chwerthin arna i,
yn chwerthin ac yn chwerthin mwy nes gwneud ei hun yn sâl.

DWI'M ISIO NAW A HANNER MARC OS OES 'NE DDEG I'W GA'L!

Mewn cawell

'Den ni yma'n y gawell ers oriau,
yn farw, bron iawn, ar ein traed,
yn cwffio a chrafu a chicio a brathu
a'r dyrfa yn udo am waed.
Ond er nad oes dim byd mwy truenus
nag ymladdfa rhwng dau ddyn obîs,
wrth gicio a brathu mae cariad yn magu –
'den ni'n pr'odi cyn diwedd y mis.

Anghofrwydd

Roedd y ficar yn dechrau heneiddio,
a'i feddwl yn slofi i lawr,
Doedd o ddim cweit o gwmpas ei bethau bob tro,
Iddo fo roedd hi'n broblem reit fawr.

Roedd o'n methu dal sylw ei gynulleidfa,
yn aml rhedai allan o blwc,
âi ei feddwl yn blanc ac fe safai yn fud
yn y pulpud gan feddwl "o ffwc".

Âi pobol i gysgu'n rheolaidd
yn ystod ei bregeth ddi-ffrwt,
a wir, byddai pawb yn yr eglwys yn chwyrnu
'mhell cyn iddo orffen ei bwt.

"A'i draw at yr esgob am gyngor,"
meddai'r ficar, a dyma fo'n gwneud;
Esboniodd ei broblem i'r hen esgob doeth
a dyma oedd gan hwnnw i'w ddweud:

"O'n i'n arfer cael yr un broblem,
mynd i gysgu wnâi pawb, a phob ci,"
meddai'r esgob, "ond er mwyn eu deffro o'u trwmgwsg,
dyma iti beth a wnes i:

"Cyhoeddais o'r pulpud 'Gyfeillion!
Mae gen i gyfaddefiad mawr!
Dwi 'di cysgu 'fo gwraig dyn arall!'
Wel, roedd pawb wedi deffro yn awr.

"Ac wedyn es ati i esbonio –
'Do, yn faban, 'fo mam, gwraig fy nhad!'
Wel, nawr ro'n nhw gen i ar gledr fy llaw,
yn gymysgedd o fraw a rhyddhad."

"Wel, am syniad gwych," meddai'r ficar;
diolchodd i'r esgob yn hael,
ac adre â fo i sgrifennu ei bregeth
(un arall tra diflas a gwael).

Pan ddaeth bore Sul unwaith eto,
a'r ficar yn traethu'n ddi-fflach;
a'r holl gynulleidfa yn cysgu fel un,
cofiodd sut i ddod allan o'r cach.

Cyhoeddodd o'r pulpud "Gyfeillion!
Mae gen i gyfaddefiad mawr!
Dwi 'di cysgu 'fo gwraig dyn arall!"
Wel, roedd pawb wedi deffro yn awr.

Oedd, roedd pob clust yn gwrando yn astud,
a'r ficar yn teimlo'n rêl llanc:
"Do, cysgais efo gwraig dyn arall, sef ..."
ond damia, aeth ei feddwl o'n blanc.

"Wel diawl ... dwi'm yn cofio pwy oedd hi –
mae anghofrwydd yn gythraul o glefyd –
yr unig beth dwi'n ei wybod ydi –
mae'r esgob 'di bod yno hefyd."

Un bore yn Ysgol Glan Morfa

Un bore yn Ysgol Glan Morfa
dechreuodd Miss Jones fwyta'r borfa.
  Fe aed â hi bant
  rhag dychryn y plant –
y plantos a chwalodd ei nerfa'.

Un bore yn Ysgol Glan Morfa
rhoddwyd corff y prifathro mewn berfa
  a'i losgi yn ulw
  heb i neb gymryd sylw –
bore arall yn Ysgol Glan Morfa.

Un bore yn Ysgol Glan Morfa
mi gefais fy nghloi yn y storfa
  gan dri o'r plant mawr
  ddaru losgi'r lle lawr.
Â'i ddim eto i Ysgol Glan Morfa.

Un bore yn Ysgol Glan Morfa
ymfyddinodd y plant yn un dorf a
  throi ar Mr Smith.
  Ddaeth o ddim yn ôl byth,
mae o bellach yng nghartref Angorfa.

Mi sgwennais i limrig un bore
yn Ysgol Glan Morfa – yr ore
  a sgwennwyd erioed
  yn ôl Mr Lloyd,
ond 'sgen hwnnw ddim syniad am odli.

Un bore yn Ysgol Glan Morfa
ddaru'r plant ffeindio'r byji yn gorfa(dd)
    mewn pwll bach o waed
    ar waelod ei gaej.
Fe aed â fo'n ôl i'r ddeorfa.

Englynion gwael

Y rimôt contrôl

Botymwr llawn botymau – yw'r rimôt,
er mwyn troi sianelau;
hynod declyn go denau,
yn ddu, neu'n llwyd, neu y ddau.

Yr iPod

Dyfais well na'r diwifir – yw'r iPod
i'r epil yn sicir:
gyda hon caiff gadw, wir,
ddwyfil o diwns reit ddifir.

Dŵr

Hylif tryloyw, gloyw, glân – yw dŵr;
o dap y daw allan,
yfadwy i ddyn a'i fodan,
i wneud te, neu ddiffodd tân.

Hylif di-liw, gwiw a gwâr – ydi dŵr
(pan nad yw o'n angar).
Try'n rew 'rôl mis mewn ffrisar,
neu'n biso hwch, sy'n bisâr.

Englyn coch

Daw Illtud o Landudoch – a'i frodyr
o Freudeth, chwi wyddoch,
a'i wncwl o Ben-rhyncoch ...
cyh! mae hwn yn englyn coch.

Y Llinell Gymorth

"Be ddiawl 'di llinell gymorth?" gofynnais ar y ffôn,
"mae'n hen bryd tynnu llinell – ac am linell iawn dwi'n sôn!
Peth 'di'i sgwennu lawr ar bapur ydi llinell, dybiwn i,
nid y weiren sydd yn dod o'r polyn teligraff i'r tŷ!"

'Mae'ch galwad chi yn bwysig inni' – llais robotaidd dyn –
'Os am gymorth gyda'n gwasanaethau hamdden, gwasgwch un.
Holiadau eraill, gwasgwch dau, cewch sylw mewn rhyw awr.
Os am rantio am ein hieithwedd, jyst rhowch y ffôn i lawr.'

Dwi'n teimlo'n hen wrth ddeall bod ffordd newydd sbon o siarad:
dwi'n siŵr nad o'n i'n arfer pegio'r golch ar linell ddillad –
a'r tro dwetha i mi jecio, dod i lawr y lein wnâi'r trên –
ydi honno'n llinell erbyn hyn? Mae'r lol 'ma'n chwalu 'mrên.

Ac am y rhai sy'n sôn am ddiwedd ffordd! – ma isio mynedd!
Mae'r gwahaniaeth yn un eitha mawr rhwng pen draw'r byd a'i ddiwedd.
Dwi isio i bawb yng Nghymru orfod llyncu cyfrol Briws
Er mwyn adfer hen hen lendid y Gymraeg, ond be di'r iws?

Iawn, malwch fi ar Twitter (X)! Hen bedant ydwi! Ffein!
Ond os newch chi hynny, ewch chi ddim ar-linell ond ar-lein!

Pryfed

Ma pryfed yn ffantastic – pryfed rŵl ocê,
dwi'n hoff iawn, iawn o bryfed, i ginio ac i de,
dwi'n eu byta nhw i frecwest efo tost a Shredded Wheat
a dwi'n cael un bach 'fo paned ganol bore jyst am drît.
Ma nhw'n sticio rhwng 'y nannedd braidd, sy ddim yn brofiad
neis,
ond ma nhw jyst y peth i ychwanegu blas at bwdin reis.

'Nes i ddarllen ffaith anhygoel echdoe yn y *Daily Post* –
os ti'n tynnu coese pryfed ffwrdd mi ân' nhw'n fyddar bost;
ac ma hynny'n hollol wir, mi wnes i arbrawf yn y tŷ.
Y peth cynta yr oedd angen imi neud oedd dysgu pry
i ddod ataf fi pan alwn i ei enw fo, sef Jo,
a wir, 'rôl awr neu ddwy mi ddeuai ataf fi bob tro.

"Cer, Jo," medde fi wedyn, a dyma Jo yn mynd,
a "stedda, Jo," medde fi, ac eistedd wnâi fy ffrind.
Roedd Jo yn bry deallus, yn dallt pob gair o'n i'n ddeud;
ofynnais iddo orwedd ar ei gefn, dyma fo'n gneud.

A phan oedd Jo a'i goesau fyny'n gorwedd ar y bwrdd
es ato fo yn ddistaw bach a thynnu'i goesau ffwrdd:
ac wedyn "Cer, Jo," medda fi, ond s'mudodd Jo ddim blewyn.
Oedd y *Daily Post* yn iawn – Llongyfarchiadau, Hywel Trewyn!

Caci

(ar ôl gweld poster yn y Ganolfan Dechnoleg Amgen efo'r pennawd 'Beth wnawn ni gyda'ch caci?')

Beth yden ni'n neud efo'ch caci?
– ei werthu fo i ryw Iraci,
    a be mae o'n neud
    efo fo, fedra'i'm deud,
ond ma'n siŵr fod o'n rhywbeth reit taci.

Mwy o limrigau

O'r diwedd mae'r dydd yn ymestyn
felly es i am dro i Laniestyn
    lle ces gyngor gan Sais,
    un uchel ei lais –
"Oi, Taffy, you git, tuck yer vest in!"

Mae 'na ddyn bach yn byw yn Llaniestyn
sydd â rhywbeth i'w ddeud ar bob testun.
    Bob mis Mawrth, da neu wael,
    cyhoedda'n ddi-ffael
"O'r diwedd, mae'r dydd yn ymestyn."

Un od ar y naw ydoedd Alys,
roedd hi'n canlyn â boi o Alltwalis;
    roedd hwnnw yn driw
    i dîm ffwtbol Man Iw,
ond roedd Alys yn ffan Crystal Palys.

Bob nos yn fy nghwsg rwy'n breuddwydio
am ddyn rhyfedd na wn i ddim pwy dio;
    mae o'n grwn ac yn dew
    a does ganddo ddim blew.
Dwi'm yn siŵr, ond dwi'n meddwl mai wy 'dio.

Dwi'n cofio boi'n gofyn yn syn
mewn cân pam fod eira yn wyn
    a sôn am ein gwlad
    a chanu 'I'r Gad!'
Ys gwn i lle mae o erbyn hyn?

Cyn marw, mi rydwi'n gobeithio
cael fy mheiriant argraffu i weithio
    a deall fy ffôn
    a bomio Sir Fôn
efo Leri, ond dwn'im os neith hi o.

Dwi wedi cael llond bol ar hel
poteli a chanie – mae'n hel;
    eu llenwi wna i
    yn llawn o BP
a'u taflu at Felix Aubel.

Mae gen i dystysgfif sy'n pfofi
fy nghymhwystef i i yfu lofi
    ac os ydwi'n slo
    af yf A pedwaf saith o
Yf oll alla'i ddeud ydi sofi.

Mae gen i dystysgrif sy'n profi
mai boi Wrecsam ydwi, a smo fi
    yn Hwntw o gwbwl,
    a dwi'm isio trwbwl,
ond dydwi ddim hyd'noed yn Gofi.

Mae cnither fy nhad, Anti Beti,
yn ddynes reit dew, ac yn sweti.
    Mi eisteddith yn Jakes
    yn byta crîm cêcs
ac yn yfed sawl peint o Glengettie.

Mae fy merch yn Weinidog portffolio,
a'r mab, wel ma'r byd 'n ei addoli o,
    a fi greodd y plant!
    dwi fwy neu lai'n sant!
ond dydwi'm yn un sydd yn brolio.

Mi glywais fod Nel wedi prynu
rhyw declyn i ferch, oedd yn crynu,
    mi switsiodd o 'mlaen
    cyn datgan yn blaen
"Dio ddim cystal profiad â hynny".

Rhois gynnig ar siarad heb regi
yn nhŷ Yncl Ffred a'i wraig, Pegi;
    mi lwyddais am blwc
    ond melltithiais fy lwc
pan lithrodd "ffwc" allan o 'ngheg i.

Wrth gerflun Lloyd George yng Nghaernarfon
mi sylwodd fy mrawd fod ei farf o'n
    llawn pryfed a llau,
    a bits bach o gnau,
briwsionyn neu ddau, ac un lardon.

Pan oeddwn yn gwylio gêm griced,
Dioddefais i gwmni rhyw ddiced:
    Yn ffodus i hwn
    Doedd genna'i ddim gwn,
Ond tryferais y diawl efo'r wiced.

Llythyr i'r cymdogion

Ma 'ne lythyr 'di dod acw, un pwysig iawn i'w weld
mewn amlen frown swyddogol, dwi 'di'i roid o ar y seld.
(Wel 'sgen i'm seld, a deud y gwir, mae o ar y silff ben tân,
dwi 'mond yn sôn am 'seld' er mwyn cael odl i fy nghân.)
Ta waeth, o flaen fy llygaid i bob dydd mae'r amlen frown
yn rhythu arnaf i yn gas fel Barry Rownd a Rownd.
Mae'r llythyr yn fy nychryn, er, dio'm hyd yn oed i fi;
fe'i cyfeiriwyd o at Ann and William Jones at number three.
I'n tŷ ni ddo'th o rywsut – dwi'n byw yn number two,
ond does gen i'm calon mynd a'r llythyr drosodd atyn nhw.
Mae Ann a Wil drws nesa ymhell dros eu hwyth deg,
mae hi mor neis, a fo – ni thoddai menyn yn ei geg,
felly pam mae'r ddau yn derbyn llythyr gan y KGB?
Achos dyna pwy anfonodd hwn, yn bendant, saff i chi.
Mi stemia i o'n agored, ella na dio'n ddim ond stynt
ond wrth 'mi roi y tecell mlaen daeth cnoc ar y drws ffrynt.
"Helo, oes yma bobol? 'Mond fi sydd yma, Wil!
'Sna unrhyw siawns am banad? Diawch, be sy'n bod? Ti'n swil?"
Ar hynny sylwais mai fy llinell ola fyddai'r nesa.
Felly rhois yr amlen frown amheus yn llaw y dyn drws nesa.

Beddargraff perchennog siop sglodion

Fe aeth o wedi'i lapio
a phapur ddoe yn amdo.
Fe ga'th ei jips, aeth at ei 'God' –
'fo'r pysgod mae o'n huno.

Gwynt

Mi es am dro i'r felin i nôl llond sach o wynt
i'w roi yn nheiars fflat fy nghar. Mi gostiodd bedair punt.

Ac wrth 'mi gerdded adre toc wedi unarddeg
gan gario'r sachaid ar fy nghefn mi welais dylwyth teg.

"S'mai," meddai tylwythen oedd yn dipyn mwy na'r lleill,
"Be sy'n y sach 'na ar dy gefn? Be s'gen ti ar y gweill?"

Wel, do'n i'm yn awyddus i'r rhein gael dallt fy hynt;
'rôl cerdded ers ben bore 'd'o'n i ddim am golli 'ngwynt

Felly 'tebais fel na thoddai darn o fenyn yn fy ngheg:
"Mond aur," ond dyna'r ateb rong i'w roi i dylwyth teg.

Mae aur yn gryn obsesiwn gan y tylwyth, erbyn dallt,
mi neidiwyd ar fy mhen i a 'nghicio, a thynnu 'ngwallt.

A dwyn y sach odd'arna'i wnaeth y diawliaid bychain ffôl,
ond gyda lwc, fe wnaethant adael gwynt teg ar eu hôl.

Mi ffeindiais hen fag Tesco oedd yn gorwedd yn y gwrych
a rhois y gwynt teg ynddo fo er mwyn ei gadw'n sych.

Ailgychwyn wnes am adre efo'r gwynt yn llenwi'r bag,
ond cyn hir mi welais goblyn dan hen dderwen yn cael ffag.

"Be s'gen ti yn y bag 'na?" meddai'r coblyn wrtha i.
"Dim byd ond gwynt," atebais, (wedi dysgu 'ngwers, w'chi).

"Yr union beth dwi angen!" oedd ei ateb barus o.
"Y smocio 'ma sy'n cael y bai, dwi mas o wynt ers tro!"

Ac wedyn neidiodd ar fy mhen a'm waldio efo'i ffon
nes imi feddwl imi fy hun "Chware teg, 'di hyn ddim on."

A ffwrdd a'r coblyn milain a'i wynt o yn ei ddwrn.
A'r daith o'r felin erbyn hyn yn dipyn bach o fwrn.

Wel, roedd caffi ar y gorwel, a hithau'n hanner dydd
felly stopiais am sardîns ar dost a diod o ryw sudd.

Ac wedyn troi am adre yn waglaw, heb fy sach,
yn teimlo'n reit ddigalon, a ddim yn hollol iach.

Er mwyn tawelu'n stumog mi sugnais Bolo Mint
ond wnaeth o ddim gwahaniaeth, roedd fy mol i yn llawn
gwynt.

Ches i ddim fy mygio eto gan ellyll mawr na bach
a cherddais adre'n ddiogel heb fag Tesco a heb sach.

Ond roedd gen i wynt i'r teiars er gwaetha'r dydd a'i lol.
Roedd pob gwynt o'n i'i angen yn cyniwair yn fy mol.

Pobol Pen Llŷn

Ma pobol sydd yn byw yn Llŷn yn bobol digon od,
ma'u hanner nhw yn gwadu mai o Lŷn y ma nhw'n dod;
ma nhw'n deud 'dwi ddim o Lŷn, un o Eifionydd ydw i'
fel tase hynny'n neud gwahaniaeth i'r gweddill ohonan ni:
Cricieth, Efailnewydd, Llanaelhaearn – ma gyd 'run un
i ni yng ngweddill Cymru dech chi i gyd yn bobol Llŷn.

Ma pobol o Eifionydd yn gallu troi'n reit flin
os meiddiwch chi awgrymu eu bod nw'n dod o Lŷn.
Am ryw reswm go annelwig ma Pen Llŷn yn infra dig;
ma nw'n trio cuddio'u hunain fel boi moel yn gwisgo wig,
ond waeth chi heb â dadlau bod chi ddim o ben draw'r byd,
anghofiwch lol 'Eifionydd' – lloeau Llŷn dech chi i gyd.

Ma 'ne bobol eitha tebyg ym Mangor, digwydd bod,
yn mynnu mai o ochre Penrhosgarnedd ma nw'n dod..
Ma nw'n amlwg yn dychmygu bod nw'n well na'r Bangor Aye,
ond pobol Bangor ydyn nhw! (ddim arnyn nhw ma'r bai)
a'r un fath, mae criw Eifionydd isio dringo yn y byd.
Ond cofiwch, i bawb arall, pobol Llŷn dech chi i gyd.

A dyma ni eleni, a'r Eisteddfod ym mhen Llŷn,
ac Eifionydd sydd yn mynnu stwffio'i henw hi ei hun
i greu 'Steddfod Llŷn ac Eifionydd', fel tase'i mewn dau le,
ond i be sy isio gwadu? Ma Pen Llŷn yn ddarn o'r ne'.
Cofleidiwch eich PenLlŷndod, ymfalchïwch ynoch chi'ch hun
a cyhoeddwch heb gywilydd – 'den ni gyd yn bobol Llŷn!'

Tribannau

Tri pheth sy'n gwneud 'mi wenu –
Cael marciau llawn am sgwennu,
a gwylio Recsam ar y cae.
O – 'mond dau beth 'di hynny.

Tri pheth sy'n gas gen innau –
Fy nhrôns yn llawn o binnau,
fy sgidiau'n llawn o gerrig mân
a 'nghân i ddim yn odli.

Tri pheth sy'n ddiddrwg-ddidda –
rhyw dywydd digon peth'ma,
rhyw gân sydd ddim yn hyn na'r llall,
ac ambell bennill smala.

Tri chanwr sy'n y triawd
sy'n canu'n ddigyfaddawd
mewn steddfod cylch a steddfod sir –
'mlaen rŵan i'r bydysawd!

Tri chornel sydd i'w het hi,
mae'n yfed te Glengettie
a bwyta lot o hufen ia –
un dda 'di anti Beti.

Tri phennill sgwennais innau
cyn mynd i'r tŷ-bach gynnau,
ond yn y toilet tarais rech
a bellach chwech sydd genna'i.

Wythnos yn y Gardd Fôn

Nos Lun ar y ffordd o'r Gardd Fôn
ar gefn mul, mi ges awydd King Prôn
    mewn cyri sudd mafon;
    mi neidiais i'r afon
a nofio'n ddi-stop i sir Fôn.

Nos Fawrth ar y ffordd o'r Gardd Fôn,
gwelais ddafad yn canu'n y lôn,
    a rhyw gathod a chŵn
    ar gitârs a basŵn,
yn gwneud sŵn fatha'r Ficar tw-tôn.

Nos Fercher ar ffordd o'r Gardd Fôn,
Es ar goll, ac mi laniais ym Môn,
    ond yr hyn dwi'm yn ddallt
    'di sut gollais i ngwallt
a fy sgidiau, fy sbectol a'm ffôn.

Nos Iau ar y ffordd o'r Gardd Fôn,
gwelais glorian yng nghanol y lôn,
    (un sy'n siarad, wrth gwrs)
    es ati am sgwrs:
"Your weight," meddai, "is fifteen stôn".

Nos Wener ar ffordd o'r Gardd Fôn,
mi gasglais i ddau draffic côn.
    Rhoddais un ar fy mhen
    ond does gen i ddim clem
be wnes i 'fo'r llall, yn y bôn.

Nos Sadwrn ar ffordd o'r Gardd Fôn,
mi welais i arth, tewch â sôn,
    Pan ddeudais "Sut ma'i?"
    Meddai'r arth, "Tybed ga'i
fod mor hy â defnyddio eich ffôn?"

Es i ddim i'r Gardd Fôn y nos Sul,
roedd 'na rywbeth yn bod ar y mul.

Archeb

Mae'r ebol wedi marw,
bu'n uchel iawn ei barch.
A dyma gais archebol –
Rwyf am archebu arch.

Datrys problemau

Mae bywyd wedi newid lot ers imi brynu gwn;
datryswr fy mhroblemau mawr a bychain ydi hwn.

Gwylanod oedd yn broblem efo'u hen sgrechfeydd a'u baw:
mi saethais un neu ddwy, a bellach maen nhw'n cadw draw.

Doedd bocs o greision brynais i yn Tesco ddim yn llawn;
es nôl 'no efo'r gwn a chael datrysiad sydyn iawn.

O'n i'n arfer cael fy nghicio gan yr hogie 5-a-side,
ond rŵan maen nhw'n gwrando arna'i pan dwi'n gweiddi 'Paid!'

Roedd y mab yn cael ei fwlio yn yr ysgol gan Jake Smith;
es fyny i gael gair. Neith o ddim bwlio eto, byth.

Roedd XL Bully cas yn arfer llywodraethu'n stryd,
ond erbyn hyn mae'r cr'adur wedi mynd i arall fyd.

Roedd coeden yn yr ardd drws nesa'n llawn o bryfed tsetse;
es rownd am sgwrs. Fy ngh'mydog bellach sydd yn 'sbyty Betsi.

Bob Sadwrn byddai tafarn pen draw'r stryd yn cynnal rêf;
ers imi alw draw i'w gweld mae'n dawel fel y bedd.

Ac erbyn hyn mae heddwch yn teyrnasu yn y dre.
Cnoc ar y drws – edmygwyr, glei, na'i wadd nhw mewn am de.

~ ~ ~

Ga'i oes o lonydd erbyn hyn, a'r unig broblem ydi,
ches i ddim dod â 'ngwn 'fo fi i westy Ei Fawrhydi.

Bach

A minnau'n gerddor mwya'r byd,
un o fawreddog ach,
pam Dduw y gwnaethost ti y strôc
o roi imi'r enw 'Bach'?

Handel

Mi gafodd George Handel ei noddi:
aeth ati i frwd gyfansoddi
    'Cerddoriaeth y Dŵr',
    ond be wnaeth y gŵr?
Ymchwilio'n rhy drylwyr, a boddi.

Slofi

O'n i'n arfer bod yn gr'adur gwyllt, ond rŵan dwi 'di dofi –
o'n i'n arfer brysio i bob man, ond erbyn hyn, wel, smofi –
gwell gen i'r ffordd arafach, ac yn wir mi fedra'i brofi –
mai fi 'di'r boi arafa sydd yn byw yn nhref y Cofi –
tra bod eraill yn cyflymu, be dwi'n neud ydi slofi –
a dyna pam dwi byth yn cael fy nal tu ôl i lofi –
'chos ma rheini bob tro'n gyrru'n llawer iawn cyflymach nafi –
pan dwi'n gyrru'r car mae adar bach yn glanio ar fy nhofi –
ma rhai'n deud 'mod i'n mynd rhy slo, ond dwi'm yn meddwl bofi –
Dwi jyst –
wedi –
slofi.

Y Jôc

Mae Caernarfon yn y ffeinal! Mae'r dre i gyd ar dân,
o Sgubor Goch i Ael y Garth, yn henoed a phlant mân.
A ninnau'r tîm edrychem mlaen at gynrychioli'n tre
ym mhinacl y flwyddyn yng Nglynebwy yn y de.
Ond pan agorais i y tasgau mi fu bron i mi gael strôc.
Dim limrig! A dim englyn ar y pryd! Mae hyn yn jôc!
Ocê, dwi'n dallt mai gwael fysa rhoi jaman i Gaerdydd
a nhwythau heb 'radnoddau i greu englyn ar y dydd:
mond plantos ifanc ydyn nhw, yn dal i ddysgu'u crefft,
a ninnau'n gyn-bencampwyr, ond dim limrig? Dwi'n berefft!

Cau ysgolion bach 'di'r pwnc sy'n poeni'r Cymry da,
ond glywch chi nhw'n protestio dros y limrig bychan? Na!
Ond pa werth ysgol fach freintiedig allan yn y wlad
os na all mab ddatblygu yn limrigwr fel ei dad?
Mae'n bryd cael mudiad newydd, sef Achubwn Ein Limrigwyr
Ifainc Ac Unigryw (sydd yn lot gwell na'n digrifwyr).
Rhaid llosgi pob un cywydd a thelyneg fel ei gilydd
a dangos nad yw'r limrig annwyl ddim yn destun cwilydd.
A chyn bo hir fe welir AELIAU'n codi drwy y wlad
yn enw Prŷs ac Edgar Parry Williams, awn i'r gad!

Elusen

Fe'm hysbrydolwyd gan Tenovus
i sefydlu f'elusen fy hun,
ond am nad oes gen i ddim ffrindiau,
nid deg sydd ohonom, ond un:
ac erbyn heddiw, er gwaetha'r economi,
daw pobol ataf i roi yn llawn *bonhomie*,
a gwelaf yn awr mai da 'di awtonomi
i f'elusen unigolyddol, Jystwonomi.

Parti'r Gwaith

Mae tinsel ar y peiriant ffacs a'r peiriant llungopïo,
mae'r 'sgrifenyddes newydd yn y cwpwrdd stoc yn crio,
mae rhywun 'di crogi gŵydd o'r to a'i galw hi'n uchelwydd,
mae pawb yn fêts mawr efo'r bos, a phawb yn credu'r celwydd,
a does na ddim osgoi y ffaith
mai uffern ydi parti'r gwaith.

Mae bêb y swyddfa'n camfihafio efo'r clerc cofnodion
sy newydd daflu 'fyny llwyth o sosej rôls a sglodion;
mae bocsys gwin yn cael eu gwasgu am y tropyn ola,
sydd ella'n 'sbonio pam fod llawr y tŷ bach yn drybola,
ac erbyn hyn ma'i wedi saith
yn uffern dân y parti gwaith.

Dwi'n amau ers rhyw awr fod stwff amheus yn y Ribena
sy'n gwneud i Dave a Mrs Humphreys lungopïo'u tina',
mae merch y switshfwrdd ar y llawr a'i choesau hi ar led
a'r swyddog personél yn stripio i gyfeiliant Slade
A bellach ar ôl yfed maith
dwi'n nabod neb sydd yma chwaith.
Dwi yn y swyddfa rong, mae'n ffaith –
Uffern, da di'r parti gwaith.

Crys T

Drycha, Dad, dwi'n gwisgo
crys T.
Dim crys fi 'di hwnne,
ond crys ti.

Drycha, Miss Jones, dwi'n gwisgo
crys T.
Nid fy nghrys i ydi hwnna,
ond dy grys di.

A chofia 'ngalw i'n chi.

Enw hir

Pan ddechreuais i ddeud enw'r pentre
doedd hi 'mond yn naw o'r gloch.
Erbyn hyn mae bron yn hanner dydd
a dwi'n dal yn Llanfairpwllgwyngyllgogerychwyrn-
drobwllllantysiliogogogoch.

Mewn twll

Mi gymrais i job yn y pwll
un diwrnod, a'r tywydd yn fwll,
ond ar ôl iddi frafio
'do'n i'm isio slafio
dan ddaear, so ges i job yn gwerthu hufen ia ar y traeth
ger Llanfair Pwll.

He ain't heavy ...

Dyn hyll, deg o dunelli.
Dim ots, mae o'n frawd i mi.

Noswyl Ifan

Wrth edrych ymlaen ac edrych yn ôl
does dim nos cyn fyrred â hon;
y nos pan fo'r caeau yn llawn tylwyth teg
yn dawnsio yn hoyw a llon.
Gan hen werin y wlad mae'r straeon yn llu
am y bobol bach bach llygaid oer
yn cynnal eu defod yn nüwch y nos
dan olau byrhoedlog y lloer.

Ar noson fel heno tu allan i'r Ship
mae stryd fawr y dre hithau'n llawn
o dylwyth teg eraill, rhai'n hoyw, rhai'n llon,
pob un methu cerdded yn iawn.
Ar ôl oriau diddiwedd ar stôl yn y Llong
y mae ar bob trwyn sbectol lysh,
a thylwyth teg wedyn 'di pawb yn y bar,
hyd'noed merched â thrwyn Ian Rush.

Diolch felly fod heno yn noson mor fer
ac mai buan y torrith y wawr,
pryd y gwelir yn glir holl ddiflastod y gwir,
a'r gwydrau yn deilchion ar lawr.
Ond rhowch i mi noson fel nos canol gaeaf
a'i thwyllwch cysurus a maith,
y nos pryd caf finnau ohirio yr awr
pryd y trechir y rhith gan y ffaith.

Cyfeillion Tywydd Teg

(yn nyddiau Cofid)

Yn ôl yn 'rysgol gynradd, pan o'n i'n tua deg,
mi ddarllenais i yn rhywle am Gyfeillion Tywydd Teg.
Dychmygwn mai criw dethol iawn o bobol oedd y rhein
oedd wedi cael y fraint o fod yn ffrindiau'r Tywydd Ffein.

O hynny 'mlaen bob blwyddyn wrth i'r gwanwyn droi yn haf
dyheuwn am gael bod yn un o fêts y Tywydd Braf.
Ac nid jyst mêt, ac nid jyst ffrind, o nage, coeliwch fi,
ond Cyfaill, gair arbennig gariai lawer mwy o fri.

Ond sut roedd dod yn Gyfaill? Mi holais bawb yn daer,
ond ches i'm ateb call gan Mam a Dad na 'mrawd a'n chwaer.
Darllenais yn y papur am Gyfeillion Capel Seion:
a allen nhw fy helpu i? Roedd gen i fy amheuon.

Fy nghadw mewn o'r heulwen wnâi y capel bob dydd Sul,
a doedd na'm sôn am dywydd hafaidd ar y Llwybyr Cul.
Cyfeillion 'Sbyty Gwynedd? Diniweitiaid efo ffydd
yn codi arian ddylai ddod o'r ll'wodraeth yn Gaerdydd.

Ac erbyn meddwl dwi'm am fod yn Gyfaill Tywydd Teg:
mi ddweda'i wrtho fynd i'r diawl, a'i gyfarch efo rheg.
'Chos dyddiau hyn, a phawb yn gaeth, heb hawl i grwydro'n
rhydd,
mae'r Tywydd Teg tu allan yn ein gwatwar ni bob dydd.

Y Rheol

Rai blynyddoedd yn ôl
o'n i'n ifanc a ffôl
ac mi sgwennwn ganeuon
oedd ymhlith goreuon
ein cenedl fach,
ond o, dyna strach
pan ddois i ar Dalwrn y Beirdd.

Achos yma, mae Rheol
i bob un tîm lleol:
dim ond ugain llinell!
Rhaid cael cyfrifiannell
i gyfri pob lein
ym mhob cân, neu cewch ffein
neu rywbeth ar Dalwrn y Beirdd.

Mae pennill ymson yn cael
bod yn hir, ac yn wael,
ond beth bynnag di'r testun
cheith cân ddim ymestyn
ddim hwy na'r dau ddeg
cyn 'mi orfod cau ngheg.

Amser Maith yn Ôl

Mi adeiladais i time-machine,
    neu yn y Gymraeg mashîn teim,
er mwyn teithio'n ôl mewn amser i'r adeg
    pan oedd TH yn ei breim.
Na, na, nid y bardd Parry-Williams,
    er cymaint ei athrylith o,
Ond athrylith mwy fyth o beldroediwr,
    TH Resma o Gwm y Glo.

Roedd sôn ei fod wedi cael treial un tro
    i Lanesra pan oedd o yn iau,
ond ni yn y Cwm ga'th y fraint o'i wylio
    yn anterth ei ddawn ar y cae.
Oes aur y bêl gron, gan mlynedd 'n ôl bron,
    mae pawb yn cofio'r 20au,
pan oedd golis yn dew, a'r peli yn drwm,
    a neb wedi clywed am dactegau.

TH oedd y meistr yn arwain y lein,
    ein hateb ni i Dixie Dean,
Ond yn wahanol i flaenwr Everton,
    gwnâi Resma bob dim wysg ei din.
Fe sodlai y bêl i'r rhwyd yn ddi-ball,
    a'i drwyn am y gôl yn chwedlonol,
A phob tro ar ôl sgorio, câi fygyn bach slei,
    wrth ôl-gamu yn ôl tua'r canol.

Yn nhymor '27 roedd di sgorio gan gwaith namyn un
erbyn dechrau mis Ebrill,
efo wyth gêm ar ôl doedd mond angen un gôl,
a phob gêm yno i'w hennill.
A'u hennill a wnaed, ond er cael pêl i draed,
roedd rhywbeth go ryfedd yn bod -
Er sodli a bwrw sawl postyn a bar,
methodd TH â tharo y nod.

Drwy'r gêm olaf un roedd y dorf fel un dyn,
tu cefn i'r blaenwr rhwystredig,
Ond â munud ar ôl sodlodd TH i'r gôl –
o ugain llath! "Oo-o-o! Bendigedig!"
Ac wrth i'r bêl setlo yng nghornel y rhwyd,
gan roi iddo'i ganfed gôl,
cyhoeddodd TH: "I AM RESMA!" – 'thgwrs,
roedd hyn AMSER MAITH yn ôl.

Mynd yn hen

O'n i wastad wedi dychmygu
pan fyddwn i yn daid
'swn i'n gwisgo tei a hen siwt flêr
a bresys, a sanau *plaid*.*

'Swn i'n gwisgo het i fynd allan;
'sa gen i'n sêt fy hun wrth y bar;
'sa gen i gi, a ffon i gerdded,
a faswn i ddim yn gyrru'r car.

'Swn i'n gwneud jig-sos yn 'pnawniau,
yn chware gwyddbwyll ar y sgwâr,
'Swn i 'di buddsoddi mewn organ geg,
ambell waith yn strymio gitâr.

O'n i'n edrych ymlaen, a deud y gwir,
at gael hawl i bigo 'nhrwyn
a chysgu am awran bob prynhawn,
dan aeliau fel rhai Rhys Mwyn.

Ond pryd ma hyn am ddigwydd?
Dwi eisoes yn chwe deg un;
dwi'n moeli mwy bob blwyddyn
ond 'di 'mrên heb dyfu'n hŷn.

**odl weledol*

Dwi'n dal heb orffen callio,
heb sôn am ddechre colli 'mhwyll,
mae popeth gredais i erioed,
erbyn gweld, yn ddim ond twyll.

Dwi'n methu cyrraedd henaint,
dwi'n styc yn ugain oed.
Pryd ga'i fy ngweld fel un o'r saint?
Pryd ddo i at fy nghoed?

Neuadd Pantycelyn

Yng nghoridors hen Pantycelyn
I can't quite define what I'm smellin',
    ond daw'r oglau yn ôl
    â'r atgofion o'r *hall*
a'r gwlâu yn llawn staens brown a melyn.

Addunedau Blwyddyn Newydd

Addunedau Blwyddyn Newydd –
    pethau gwirion iawn i'w gwneud:
yn 'r iwfforia 'rôl y Dolig cymer ofal be ti'n ddeud.

Paid ag addo stopio smocio na rhoi'r gore i yfed chwaith;
digon diflas ydi Ionawr heb fynd ati i neud o'n waeth.

Addunedu colli pwyse – syniad da, 'mond am un bai,
mae'r mins peis a'r gacen Dolig siŵr o bara tan fis Mai.

Ella wir y dylwn addo mynd am jog i gadw'n ffit
ond sut fedra'i joinio'r loncwyr a phob un yn ffasiwn dwit?

Stopio byta anifeiliaid? Na, dwi'n rhy hoff o rost biff.
Mynd i ddringo bob dydd Sadwrn? Ti 'di gweld y tywydd, chief?

Bod yn glên wrth bawb o 'nghwmpas?
    Mynd i'r capel bob dydd Sul?
Dysgu Sbaeneg? Peintio'r garej?
    Oes 'na obaith? – dim hôps mul.

Dyna fo, waeth heb â thrio, dydwi 'mond pechadur ffôl,
felly dyma hi f'adduned – peidio addo bygar ôl.

Cyngor da

Cyngor da sy'n werth y byd:
mae'n fendith, yn y bôn,
ond y cyngor gorau'i gyd
ydi Cyngor Ynys Môn.

Newid y fwydlen

Mae Len yn cadw caffi bach i lawr ar lan y môr,
af yno am fy mrecwast ambell waith
Cig moch ac wy 'di ffrio, a tost a myg o de,
mae'n lle poblogaidd ers blynyddoedd maith.
Bob bore yn blygeiniol gwelir Len ar ben ei stôl
yn bwydlennu ar hen lechen efo sialc,
Ac fel hyn fysa hi o hyd, heblaw am broblem fach:
roedd Len yn yfwr mawr – deud gwir, yn alc.

Roedd o'n diodde shêcs ofnadwy, ac nid milc shêcs oedd y rhein
O'n i ofn ei weld o'n disgyn o ben y stôl,
Mi driais ei gynghori, "Newid dy fywyd, Len,"
Ond gen i ofn na wnaeth o 'neall i at ôl.

Pan es i'r caffi bore 'ma, oedd y lechen wedi mynd,
a bwydlenni newydd plastic dros bob man
Dim cweit mor amgylcheddol â'r hen lechen ar y wal,
'di'w hargraffu gan ryw gwmni ym Mhacistan.
Ma'r hen gaffi wedi newid, a Len di sobri hefyd,
mae o bellach yn ymwrthod efo'r booze
Ond ar y fwydlen newydd, diflannodd pys a thatws,
be sy 'na bellach 'di pis a tatŵs.

Gen i hiraeth am y lechen a'r fwydlen ar y wal
A di'r brecwast ddim mor flasus ag y bu
Ac ma cwmni Len yn ddiflas, a does na'm sgwrs i gael
Erbyn hyn dwi'n cael fy mrecwast yn y tŷ.

Croeso i myd bach i

dwi'n mynd â'r ci am dro bob nos
er nad oes genna'i gi
ma'r bog yn llawn o Winalot –
croeso i myd bach i.

dwi'n cofio dyddie Edward H
ond ddim pa un o'n i –
yr un pen moel ta'r centre-half –
croeso i myd bach i.

dwi'n treulio nyddie o flaen y bocs –
bocs sgidie, cofiwch chi,
does na'm byd arno'n werth ei weld –
croeso i myd bach i.

bu bron i mi gael hartan pan
aeth mrawd yn l.b.g.
a dechre dilyn Bala Town –
croeso i myd bach i.

yn Tesco fedra'i'm madde i
"buy one and get one free"
ma ciwcymbers yn llenwi'r ffrij –
croeso i myd bach i.

weithie dwi jyst isio laff,
na'i chwerthin: hi hi hi
ho ho ho ho ha ha ha ha –
croeso i myd bach i.

Helyntion nofio

Pan nofiais yn nŵr Mississippi,
es i mewn iddo'n fudur fel hipi,
    ond dois allan yn lân
    a 'swn i 'di gneud cân
'blaw bod rhywun 'di dwyn fy ffelt-tip-i.

Pan es i i nofio i'r Fenai,
dim ond hances boced oedd genna'i.
    O'n i 'di anghofio
    bod angen gwisg nofio
a rŵan dwn i'm yn wir be'nai.

Pan nofiais i yn yr Iorddonen
gadewais fy nghinio dan onnen,
    ond pan ddois i'r lan
    roedd y bwyd 'di diflann-
u, a dim byd ar ôl ond moronen.

Pan es i i nofio'n Llyn Tegid
ges i gythraul o ofn oblegid
    daeth anghenfil o'r dŵr
    a'm bygwth, do, siŵr,
ond ges i'n achub gan hen ŵr caregid.

Pan nofiais i yn y Môr Coch
tynnais lond ceg o wynt i'm dau foch
    wedyn nofio dan dŵr
    am filltiroedd, dwi'n siŵr.
Dois i'r wyneb wrth draeth Abersoch.

Gwneud fy rhan

Dwi'n gwylio hynt y gwynt a'r glaw drwy'r ffenest
A'r deri yn ymdaro a chwympo i lawr
Mae'r môr yn merwino'r tir, a'r gwae yn dod yn wir
A'r gwir ei hun yn gelain ar y llawr.
Mae'r haul yn hwylio'r awyr uwch fy mhen i
A'r sêr yn syrthio fesul un o'r nen,
Does na'm duw na ffydd, mond dyniadon ynfyd sydd
Yn rheoli'r byd wrth iddo ddod i ben.

Ond dwi'n gwneud fy rhan, dwi di sgwennu cân.
Mae'n mynd: La-la-la-la-la, achubwch y blaned.

Mae criw Gwrthryfel Difodiant wedi'i gweld hi
Brwydro'n ddewr i drio gwrthdroi ein rhawd
Mae pobol dros y byd yn gwrthdystio ar y stryd
A rhai'n wynebu carchar, sen a gwawd.
Mae rhai'n boicotio Amazon a'u system
A'r dinistr wrth fwydo pob un chwant
Ond dwi'n licio pethe neis, ac mae o mor gyfleus,
So dwi'n gwneud y pethe bychain, fel Dewi Sant.

Ie, dwi'n gwneud fy rhan, dwi di sgwennu cân.
Mae'n mynd: La-la-la-la-la, achubwch y blaned.

Cyfrifiadur Trefîn

Nid yw'r PC yn prosesu
yn Nhrefîn ym min y môr,
trodd y teipydd olaf adref
ac mae'r disgiau yn y drôr,
a'r caledwedd gynt fu'n rhygnu
wrth gynhyrchu'r papur bro
heno'n fud, a'r hen gymdeithas
rywsut wedi weipio'r co'.

Segur yw'r llygoden bellach
gliciai ar eiconau'r sgrin
wrth gysodi a chofnodi
holl newyddion bro Trefîn,
a does yma neb yn plygu
na dosbarthu'r peth drachefn;
malu'n wag mae'r hen gyfeillion
wedi plygu dan y drefn.

Dwi isio mynd i'r ysgol

Dwi isio mynd i'r ysgol,
mae'n swnio fel lle grêt:
dwi isio mynd i'r ysgol
fel Gethin Clwyd fy mêt.
Ond dyma 'niwrnod cyntaf
a minnau'n holi pam
'ro'n i isio dod i'r ysgol:
plis ga'i fynd 'n ôl at mam?

Diolch

Rhaid diolch i Emyr a Nerys
am y croeso, a'r gwely cysurus,
    am hwyl yn yr hindda
    ar gaeau Cynhinfa,
a'r gwin a'r gwmniaeth yn felys.

Ym mhorthladd Amsterdam

Lawr ym mhorthladd Amsterdam
mae 'na ddyn sy'n bum deg
sydd yn llenwi ei geg
efo cwrw a gwin.
Lawr ym mhorthladd Amsterdam
mae 'na ddyn hanner cant
sydd ar ganol cael rant
cyn mynd fflat ar ei din.
Lawr ym mhorthladd Amsterdam
mae 'na ddyn canol oed
efo'i ddawns ysgafn droed
rhwng y beics ar y sgwâr.
Lawr ym mhorthladd Amsterdam
mewn rhyw dafarn fach dlawd
dacw Hywel fy mrawd,
fo 'di brenin y bar.

Cau toiledau

(ar ôl gweld pennawd go-iawn y Daily Post*)*

Ma nw'n cau toiledau yng Ngwynedd –
ma nw'n deud bod nw'n ormod o gost:
"LOO MUST BE JOKING" ydi'r pennawd
heddiw yn y *Daily Post*.

Es i sbio'n y papurau eraill
"BOG OFF" ydi pennawd y *Sun*,
yn y Times: "GWYNEDD DIARÎA SUFFERERS
LEFT WITH NOWHERE TO RUN".

Y pennawd yn *Y Goleuad*
ydi "AT BWY Y TROWN PAN DDAW'R RHAID?"
a'r *South Wales Echo*: "VISITORS FORCED
TO PISS IN THEIR PANTS BY PLAID".

Yn ôl y *Caernarfon & Denbigh*,
"GWYNEDD ARE PISSING IN THE WIND";
yn y *Telegraph*: "NO SHIT, SHERLOCK",
a'r *Cymro*: "CACHWRS HEB UNLLE I FYND".

Pennawd snapi yn *Taliesin*:
"GWYNEDD A'I DIFFYG CYFLEUSTERAU CYHOEDDUS
I DRIGOLION AC YMWELWYR
(Anerchiad a draddodwyd yng Ngŵyl Lên Corris)".

Bydd piso ar strydoedd Ffestiniog –
o hyn mae Gwilym Euros yn siŵr –
wrth i drigolion Blaenau a Manod
gael anhawster i ddala eu dŵr.

Caiff ymwelwyr â'r Dre fynd i'r Castell
yn hytrach na phiso yn stryd,
ga'n nhw biso o ben Tŵr yr Eryr
a rhoi wash i Lloyd George yr un pryd.

Eith Llyn Tegid ryw fodfedd yn ddyfnach
wrth i bawb iwsio'r llyn fel tŷ bach;
ma'n siŵr o gael gwared o'r algae,
a gyda lwc, boddi Bala'n slo bach.

A wir, y mae 'na fanteision
o neud eich busnes ym môr Portinllaen;
does na'm angen gymint o bapur,
a dim angen tynnu y tsiaen.

Ond be nawn ni efo'r holl gachu
rhwng Bangor, fan hyn a Pwllheli?
Wel, ei roid o i gyd i Llais Gwynedd,
ma nw'n arbenigwyr ar ei falu.

Limrigau eto

Erstalwm mi o'n i'n roc star
ond daeth diwedd ar chwarae'r gitâr
    un noson yn Sling
    pan dorrodd 'G-string'
gan fynd 'ping!', a doedd gen i'm un sbâr.

Roedd Nadolig yn adeg reit drist
i Herod, os nad Iesu Grist –
    mi ga'th Crist bresanta
    lot gwell na rhai Santa,
(dyna stori y doethion, at least).

Hen hogyn anffodus oedd Gwynedd:
cawsai'i eni yn fabi heb fysedd.
    Câi ei holi a'i stilio:
    "Dwed sut wyt ti'n teimlo?"
Wel, reit wael, deud y gwir, a difynedd.

Yn lle mynd ar wyliau mewn iot,
eleni mi aethom i'r Sblot;
    cael swper alffresco
    yn maes parcio Tesco:
wnes i joio, wel, do, ond ddim lot.

Roedd Eira yn hogan a hanner,
gwyddai'n iawn beth i'w wneud efo sbaner.
    Roedd hi'n dipyn o un
    efo morthwyl a chŷn,
ac yn gyn-olygyddes *Y Faner*.

Wrth yrru yn wyllt mewn car modur
mi hitiais hen ŵr efo pladur,
    rhyw bedair hen wraig
    a dau ysgolhaig,
a nawr yn y bôn dwi'n ffoadur.

Yn nhafarn y Cann gwelais 'leni
gath ddiarth, a het ar ei phen hi.
    Dywedais, "Hei, Pws,
    am bunt, gei di sws!"
Ond doedd 'ne ddim pres yn y citi.

Mae mrawd i yn un o'r ynadon
ac yn boen i bob un o'i gariadon.
    Ma'n ffonio nhw'n pisd, ia
    yn sain Dicsi'r Clustia
(mae'n andros o ffan o'r Dyniadon).

Daeth parsel i'r tŷ Dolig dwytha
gan deulu fy mam – parsel ffrwytha.
    Yn lle sbio'n gam
    es ati i neud jam
a 'leni, jam ffrwytha gân' nhwytha.

Er gwaethaf y gost, daliaf ati
i fynychu fy ngwersi carati,
    mae'n fy nghadw yn ffit
    ond dwi ddim yn dallt sut
'chos ma pawb dal i 'ngalw i'n ffati.

Aeth geneth o'r enw Sian Northey
am dro efo bachgen reit 'swarthy'
    Mi eson am swim
    ac uffen, 'mhen dim
oedd Northey a'r swarthy di bôddi.

Mi aeth o at glwb rugby league –
roedd hynny yn beth eitha peague.
    Maddeuwyd, ond noder:
    mae rhai o aelode'r
clwb rygbi yn dal i ddal deague.

Cawn ddathlu pen-blwydd Arglwydd Snedli
mewn tafarn, ac nid dybl bed, 'li –
    achos mewn dybl bed
    hen sglyfaeth 'di Sned,
ac mewn garden shed mae o'n dedli.

Dwi'n gorfod bihafio, oherwydd
pe bawn i ryw ddydd yn Archdderwydd
    fysa'n hanes Ffes Bwc
    yn gyhoeddus! (O, ffwc!)
"Was that Jac y Jwc I saw Ger with?"

Ar daith clwb mynydda Cwmtydu
daeth haid o hebogiaid i'n mygu.
    Does 'na'm byd yn debyg
    i gwmwl o hebyg;
Sdim rhyfedd fod rhai 'di llewygu.

Pe bawn wedi cyrraedd ar amser
mi allswn i achub yr hamster
    rhag dioddef ei ffawd
    yn rhewgell fy mrawd,
ond wnes i ddim. Rŵan mae'n Twister.

Pobol ddiarth

Ar wyliau ger Borth 'n y chwedegau,
a minnau'n ddeg oed, holais "pam
y mae'r lle 'ma yn llawn pobol ddiarth?"
Wel dyma 'di'r rheswm, 'nôl Mam.

Oherwydd cynhesu byd-eang,
mae Pegwn y Gogledd (North Pôl)
yn meirioli o flwyddyn i flwyddyn,
a chyn hir fydd 'na ddim rhew ar ôl.

Mae'r arth wen yn colli'i chynefin
wrth i'r rhewlif ddiflannu i'r môr,
Ac un dydd penderfynu a wnaethant,
rhaid dianc i wlad sy'n fwy o'r.

Fe awn i wlad arall, ond cymerodd yr eirth
y troead anghywir o'r North,
ac yn lle glanio'n yr Ynys Las (Greenland)
fe lanion nhw'n Ynyslas (Borth).

Ac yno ar dwyni y tywod
bu'r eirth fyw am dymor go dda
ond tymor y gaeaf oedd hwnnw,
a chyn hir fe ddaeth tymor yr ha'.

Wel os oedd Pegwn y Gogledd di c'nesu,
roedd haul Ceredigion yn boeth
rhaid ei heglu hi'n ôl i'n cynefin,
penderfynodd un hen arthes ddoeth.

Ac felly ffarwelio a wnaethant
â phobol y Borth a'r cyffinie
er i rai erfyn arnynt i beidio â mynd,
ac ymbil yn daer ar eu glinie.

Mae'r eirth nawr 'nôl yn eu cynefin,
sef Pegwn y Gogledd (North Pôl)
ac yn ardal y Borth ac Ynyslas,
dim ond pobol ddi-arth sydd ar ôl.

Cysylltiadau

Casglwr oedd Ceri, y mwya brwdfrydig 'n y byd,
roedd o'n hollol obsesif, a'i dŷ fel miwsîym ar sbid;
pob dim wedi'i rifo a'i ôl-gatalogio yn dwt,
pob stafell yn llawn i'r ymylon, a'r garej a'r cwt;
roedd o'n gasglwr a hanner,
    doedd Bob Owen Croesor ddim yn'i,
ond nid llyfrau roedd Ceri'n eu casglu, ond pethe mwy ffyni:

fel ei gasgliad cynhwysfawr o flew cesail sêr y teledu –
dim ond un oedd ar ôl am y set! Byddai'n rhaid ei dargedu:
Blewyn Ifan Jones Evans oedd testun ei holl ddyheadau,
ond sut allai gael un? Wrth lwc roedd gan Cer gysylltiadau.

Daeth acw un noson, a fi'n gwylio *Tipyn o Stad*,
a rhyw fwmblan,
    "Ti'n gwbod dy ferch, sy'n cyflwyno *Cefn Gwlad*?
Ma Ifan a hi, siŵr o fod, yn fêts mawr," ebe Cer,
"ti'n meddwl 'sa'i'n gallu cael blewyn o'i gesail o, Ger?"

Bu raid imi ateb, "Na! Ceri! Paid ymddwyn fel âsol!
Wyt ti ddim wedi clywed erbyn hyn am bellhau cymdeithasol?
Ma be wyt ti'n ofyn gen Mari yn gwbwl ddiurddas!
A *so what* os wyt-ti yn brifardd cadeiriol yr Urdd, was?
Cysylltiadau neu beidio, dangosa dy fod ti yn ddyn!
Os ti wir isio'r blewyn, wel gwna dy waith budur dy hun!"

Het y bardd

Pam mae bardd yn gwisgo het?
Er mwyn gwella'i silhouette
a gwneud i bobol feddwl 'fod o
'n foi sy'n gwbod lle ma'n dod o.

Y Bardd Cocos

John Evans
yr Archfardd
hardd;
brenin yr odl,
mae'n well na Glenn Hoddle,
i feirdd mae o'n fodel,
nid model Kate Mossaidd
ond model Cocosaidd –
yr Archfardd Cocosaidd
Tywysogaidd o Fôn,
jyst lawr y lôn,
yn ôl y sôn.

Baled y dyn sy'n cymryd pob peth yn llythrennol

Dwi am stopio gwrando ar gantorion pop,
sy'n mynd mlaen a mlaen ar y radio o hyd,
mae nhw jyst yn deud clwydde yn hollol ddi-stop;
beth bynnag ddeudan nhw, peidiwch coelio dim byd.
Mae rhywun wedi dwyn fy nhrwyn, medde Pws,
so how cym fod na'm twll ynghanol ei ben?
Ac oes, mae na ocsigen ac ati'n yr awyr,
so dio'm yn big deal deud fod nwy yn y nen.
Pam fod eira yn wyn? oedd cwestiwn Dafydd Iwan,
ond 'sa unrhyw wyddonydd yn esbonio pam.
Ac os wnaeth cariad Iwcs guddio'i chalon dan gerrig oer yr afon,
sa'n hawdd ei ffeindio hi a'r holl waed ar y lan.
Y Trwynau Coch wedyn, efo'u merched dan bymtheg -
pam na chawson nhw'u carcharu fel pidoffiliaid?
Nhw oedd yn honni bod yn niggers Cymraeg,
ond dyden nhw'm yn ddu, nac yn Affricaniaid.
Sneb yn talu yng Ngwesty Cymru, yn ôl Geraint Jarman,
ond pan es i, oedd B&B yn costio ugain punt.
A sori, ond ma hyd yn oed Bob Dylan yn gelwyddgi:
dwi di edrych, a di'r ateb *ddim* yn chwythu yn y gwynt.
Doedd na'm pwynt i Jarman sôn am alw Gari Tryfan,
chos cymeriad cyfres radio oedd hwnnw, ddim cop,
a sna'm pwynt deud nos da wrth Saunders, ma 'di marw!
Methu dal y pwysa? Cer â troli rownd y siop!
Ma Gwyneth Glyn yn deutha'i fod adra'n debyg iawn i fi,
ond sna'm llechi ar 'y mhen, a dwi'm di 'ngneud o frics.
A 'sa'n well gan Huw Chiswell, medde fo, fod yn daten:

be, a chael ei sleisio i fyny'n ddarnau i neud chips?
Ma'n anodd mynd i fyny afon Dyfrdwy mewn cwch banana,
fysa'n lot gwell i Meic Stevens fynd i'r Bala ar y bỳs.
A pan es *i* i'r Rue San Michel, ges *i* facwn i frecwast,
dwi wir ddim yn gwbod pam mae'n gneud y ffasiwn ffỳs.
Pan na'th Hergest ganu cân am ugain mlynedd yn ôl,
tua tair ar hugain oeddan nhw – 'sa nhw mond yn dair oed!
A ma nhw'n deud bod nhw di siarad yn fyrbwyll a ffôl,
Wel, oedd siarad sens yn dair yn her i finne, hyd yn oed!
Mae Huw Jones yn gofyn i ble'r aeth yr haul; wel dyma'r ateb
ma'i'n nos, ocê, mae'r haul 'r un lle, y byd sy wedi troi.
Ac ma na siop fach yn y Farchnad yn y dre sy'n gwerthu eda',
so dwi'm yn gwbod be di problem Mim Twm Llai.
Ac ma Las Vegas yn America, ddim ar lannau'r Wnion;
ac mi fasa'n sbwci braidd gweld dwylo dros y môr, ia.
Di John o John ac Alun ddim yn chwarelwr o gwbl;
A doedd neb o Eryr Wen yn nabod neb o'r enw Gloria.
"Dwi'n gwbod sut ti'n licio dy de" medd Anweledig,
ond pan ges i baned gennyn nhw, ges i ormod o laeth.
Ond os di'n canwyr pop ni yn ddim byd ond celwyddgwn,
wna'i ddim dechrau ar ein beirdd ni – ma'r rheini'n ganmil
gwaeth.

Dwi isio bod yn Ffrancwr

Dwi isio bod yn Ffrancwr
efo enw fel François
dwi isio'r joie de vivre a'r ésprit de corps
a dwi isio'r je ne sais quoi.

Dwi isio smocio Gitanes mewn caffe,
dwi isio yfed Ricard drwy'r pnawn,
dwi isio bod yn ddel fel Sacha Distel
ond efo mwy o ddawn.

Dwi isio llyncu tân ar feic un olwyn
tu allan i'r Pompidou;
dwi isio byta escargots a pommes frites
a dwisio ci o'r enw Foufou.

Dwisio galw Tintin yn Tantan,
dwi isio steil fel Thierry Henry,
dwi isio i'r Saeson fy nghasáu hyd yn oed yn fwy
nag y maen nhw'n casáu'r Cymry.

Dwi am farddoni efo Baudelaire,
dwi am ganu efo Jacques Brel,
a datrys llofruddiaethau fel Hercule Poirot
er fod o'n dod o wlad Belg.

Ai smalio ydw i? Au contraire,
dwi'n meddwl hyn go iawn,
nid collwr ydwi, mes amis,
dwisio ennill y Gamp Lawn.

A'r dydd pan ddo' i'n Ffrancwr
gyma'i chwaden á l'orange
cyn mynd am gwsg bach bob prynhawn,
a magu bol. Plus ça change.

Amgen

Dwi'm isio bod yn roc'n'rôl,
dwi'm isio bod yn pop,
dwi'm isio bod yn rap na soul
na sgiffl na hip-hop,
dwi'm isio bod yn techno
nac yn jazz nac R'n'B,
dwi isio bod yn rhywbeth
sydd yn well na rhein i gyd.

Dwi'm isio bod yn ganu gwlad
na reggae, dub, na ska,
na grime, be-bop nac avant-garde
na swing na cha-cha-cha,
dwi'm isio bod yn heavy metal,
disco, grunge na funk,
na new wave, old wave, gwerin, house,
na drum'n'bass na pync.

Na, dwisio bod yn Amgen
achos dyna lle mae'r swyn,
dwisio cydnabyddiaeth,
cael lle yn siart Rhys Mwyn.
Dwisio bod yn Amgen,
beth bynnag ydi hynny,
mae'n anodd ei ddiffinio
felly 'na'i jyst neud o fyny.

Moron

Ai weirdo ydi Gordon – ta nytar
mewn tent yn Nanhoron?
Na, fel dywed Jilted John
fy arwr, mae o'n foron.

I'r Gofod

(ar ôl gweld hysbyseb y Mudiad Meithrin)

Rywle yn Aberystwyth, yn y Boulevard de Saint Brieuc,
mae swyddfa'r Mudiad Meithrin, a'u pennaeth, Captain Kirk.
Rhoes y gorau i deithio'r gofod am swydd tu ôl i ddesg,
a phlac bach ar y drws sy'n dwyn y geiriau "James Kirk Esq."

Mae eisiau gwella'r mudiad, ac i'r cylchoedd Ti a Fi
mae'n chwilio am arweinwyr efo gradd a PhD,
nid genod syth o'r ysgol sy ddim cweit yn dallt math'mateg,
ond pobl fedr sychu trwyn a thrafod astroffiseg.

Mi lwyddodd yn ei ymgyrch; bellach cafwyd cadarnhad
mai gofodwyr sydd yn rhedeg pob meithrinfa yn ein gwlad.
Does ryfedd na all Ground Control gysylltu â Major Tom,
mae hwnnw erbyn hyn ar staff cylch meithrin Hafod Lom.

Mae'r astronotiaid dyfal yng Nghaernarfon a Llanrwst yn
anfon adroddiadau cyson 'nôl i'w meistri draw yn Houston.
Ac mae'r camau bach a gymer plantos Bagillt a Llanasa
yn gamau mawr i'r ddynol ryw dan oruchwyliaeth NASA.

Ond dewch gyda mi i orsaf ofod ym mhellafion sbês;
mae anghydfod yn y gweithle, di'r gofodwyr ddim yn blês:
"Houston, mae gennym broblem efo aelod fenga'r criw –
be nawn ni â geneth ddeunaw oed sy'n gwneud ei NVQ?"

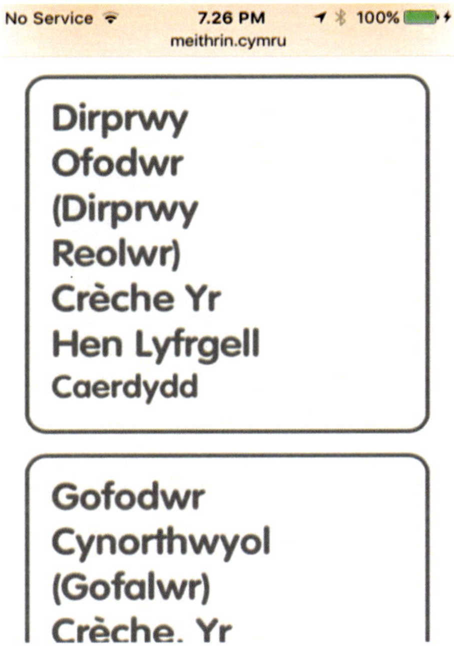

Hysbyseb welwyd ar y we gan y Mudiad Meithrin

Meddwl

'Dwi'n meddwl, ac felly'n bodoli,'
medd athronydd â wyneb reit joli,
    sef René Descartes.
    Fydda i'n cadw ei bart
yn reit amal, os nad yn ei foli.

Dwi'n meddwl fy mod i yn fardd
'chos mi sgwennais i ambell i gerdd
    sy'm yn odli yn iawn,
    ond sy'n dweud pethau mawr;
rhai syml ond cynnil fel gordd.

Mae meddwl yn rhywbeth dwi'n neud
pan dwi ddim isio gneud, dim ond deud.
    Na'i feddwl a meddwl
    a meddwl a meddwl
tan yn diwedd fydd na'm deud na gneud.

'Dwi'n meddwl mai meddwi di'r testun,'
meddwn i wrth fy nghyfaill i, Iestyn.
    'Na, "meddwl" dio'r clot.
    "L" dio nid i dot.'
Ond rhy hwyr, o'n i'n feddw fel postyn.

Peth da, medden nhw, yw arbrofi,
felly arbrawf a wnes ar fy nghof i.
    Ond collais fy ngho'
    ac mae si drwy y fro
'mod i bellach yn wallgo. Ond smo fi.

Englyn i Huw Lloyd

Mor rhwydd yr â'r penblwyddi. Anhygoel!
 – mae'r hogyn yn ffiffti!
Ond dyn y sacs a'i diwn secsi
nid â'n hen fel rydan ni.

Iwan

Roedd 'na rywbeth personol
rhwng Iwan a fi –
rhyw berthynas amhendant
fel rhwng B minor a G ...

dacw fo yn ei het
â'i gitâr fas a'i amp
ar y llinyn tyn uchel
sydd rhwng rhemp a champ ...

ac mi wn nad oedd Iwan
yn berffaith o bell,
ond pan ganai ei gân
roedd y byd 'ma'n lle gwell.

Wyn

Bas yn dynn o dan ei gesail,
sylfaen gadarn i'r holl sioe.
Wastad yno yn y cefndir.
Cofio'i jôcs. Atgofion ddoe.
Un dre oedd yn annwyl ganddo –
'n Aberteifi roedd am fod.
Nos da, Wyn, wnaiff neb anghofio
arwr addfwyn Tenby Road.

Go brin

Yn chwedeg oed eleni, a newydd ddod yn daid,
mae'r amser wedi dyfod imi wneud yr hyn sydd raid:
rhoi heibio'r stwff bachgennaidd, ac ymddwyn yn gyfrifol;
mynd i dŷ bwyta ar nos Sadwrn, nid rownd dre ar bybcrol;
treulio pob pnawn Sul yn tyfu llysiau yn yr ardd;
rhoi'r gorau i rigymu ffôl, a trio bod yn fardd;
mynd i rywle o ddiddordeb bob dydd efo'm *bus pass*;
stopio gwrando ar Yr Ods, troi'n ôl at EPs Crysbas;
mynd i'r ŵyl gerdd dant a doethinebu am y bwrlwm;
deud wrth bobol ifanc fod pob peth yn well erstalwm;
dechrau cael y *Times* bob dydd a pheidio darllen *Viz*;
anghofio'r Super Furry Animals, mynd i weld *Les Mis*;
treulio wythnos steddfod heb symud o'r pafiliwn;
deud nad ydi Gareth Bale na neb yn werth 70 miliwn;
mynd i gonsarts Tonic yn y Galeri bob mis;
chware gwyddbwyll, gwneud jig-sôs, hel stampiau Japanîs;
gorwedd ar y soffa i gael nap bach bob prynhawn;
galw ar S4C i ailddarlledu "Disc a Dawn";
dod yn aelod o'r Terfeliaid, mewn crys T sy'n deud "Go, Bryn!"
Ydi'r pethau hyn i gyd yn mynd i ddigwydd te? Go brin.

Mae'n anodd dweud 'Na' ar y gorau

Mae'n anodd dweud 'na' ar y gore,
'nenwedig yn gynnar yn bore
　　a diwedd y pnawn,
　　a rywbryd, go iawn,
ond ma'n iawn, dwi jyst yn dweud 'ie'.

Hybu twristiaeth

pentre del ar lan y môr
dim twrw ar y stryd
welsh not spoken any more
dim bywyd
strydoedd mud

'Llonyddwch ar yr eurdraeth'.
Am braf.
Hy! #BuTwristiaeth

Santa

A oedd 'na faban Iesu
go iawn yn fab i Dduw?
Dwn i'm ond gallwch fetio'r nos
bod Santa Clos yn fyw.

I Mei a Karen ar eu priodas

Dau dishyrt a dwy deishen, – dau deulu,
dwy delyn, dwy bledren,
dwy wal, dwy ardal, dwy wên,
un cariad – Mei a Karen.

I Sioned ac Arfon ar achlysur eu priodas

Di Rosalind a Myrddin ddim yn'i,
a Phyllis a M'red, waeth chi heb;
roedd Peters & Lee yn bartneriaeth o fri,
ond ddim patch ar Gwilym a Webb.

Anghofiwch am Dony ac Aloma,
Ron Kirk ac Anita'n Gaernarfon,
neu Sonny & Cher, cyn i bethe droi'n flêr,
newch chi'm curo Sioned ac Arfon.

Pwy soniodd am Iona ac Andy?
Maureen a John Ogwen o Sling?
Dau fochyn bach jerky ydi Pinky & Perky:
Arfon a Sioned 'di'r real thing.

I Ifor yn 60 oed

Mi gafodd ei fagu yn 'Pinnah'
ond sna'm byd o'i le efo hynnah
  Er yn Gocni un darn
  mae o'n Gymro i'r carn
Yn ei eirie fo'i hun, "'e's a winnah!"

Chwist

Un o fy hoff gemau 'di chwist
tra'n gwrando ar gerddoriaeth gan Liszt
    efo nghyfaill José
    a chwe photel rosé.
Cyn diwedd ma'r ddau o'ni'n pisd.

Wrth chwarae fel hyn rownd y rîl,
mae José'n gwneud ambell bym dil,
    ac yn lle deud 'olreit'
    mae'n datblygu yn ffeit,
ond be newch chi? ma'r ddau o'ni'n chwil.

Erbyn deg, den ni'n chware heb jacs,
ac yn yfed Bacardi an' blacs.
    Ma José yn ei drôns,
    dwi'n dynwared Tom Jones,
ond be newch chi? ma'r ddau o'ni'n racs.

Chwefror

Os nad ydio'n fawr, mae o'n ddigon,
ma hynny fel arfer yn wir
am fis Chwefror, ond ma leni'n wahanol,
roedd Chwefror yn llawer rhy hir.

Achos hir, meddan nhw, di pob aros,
ac mi fu raid inni aros drwy'r mis
am ein crempog eleni, digon o amser
i ddarllen pob gair o *War and Peace*.

Ond o'r diwedd fe ddaeth 'diwrnod crempog'.
"Be ddiawl!" meddai Beth ar Ffes Bwc,
Be ddigwyddodd i Ddydd Mawrth Ynyd?
Dydd Mawrth Crempog hyd 'noed? Be ffwc

ydi 'diwrnod crempog' pan mae o adre?
Mae o fel deud 'diwrnod Dewi Sant'
yn lle deud o'n iawn 'Dydd Gŵyl Dewi' –
plîs, neith rywun feddwl am y plant??

Ta waeth, dyma'r diwrnod o'r flwyddyn,
pryd geith pawb fwyta crempog drwy'r dydd
heb ofni dim cosb. Am un diwrnod,
gawn ni ymddwyn fel cenedl rydd.

O'n i di bod yn cyfri'r diwrnodau,
roedd tri chant wyth deg pedwar di mynd
ers 'mi flasu fy nghrempog diwethaf.
Ma'n hirach na *Gone with the Wind*.

Ond o'r diwedd fe ddaeth y diwyrnod,
fuodd Leri'n eu ffrio nhw fel bom,
ond fel pob peth hir-ddisgwyliedig,
deud y gwir, oedd o'n fymryn o siom.

Hynny ydi, dio 'mond yn gymysgedd
o wyau a llefrith a blawd,
sna'm disgwyl 'ddo fo fod yn mindblowing,
fel secs neu Only Men Aloud.

Ond ma'n fwyd sy mor aml-bwrpas,
ma rhai'n gneud rhai bychain crwn tew,
ond pobol sir Fôn ydi rheini –
mawr a tenau di'r crempog go lew.

Ma rhai yn eu rholio nhw i fyny,
a rhai yn eu byta nhw'n fflat,
rhai yn eu torri'n ofalus,
a rhai'n byta pentwr fel twat.

Ma rhai yn eu bwyta 'fo cyllell a fforc,
a rhai'n iwsio bawdyn a bys.
Ma rhai yn eu bwyta 'fo syrop neu fenyn,
'fo siocled, 'fo mêl, efo llus,

Ond rhowch siwgwr a lemon i'r hogie go iawn,
da ni'n gwbod be ydi be.
A rŵan gen i ffansi crempog,
sa'n dda cael rhai fory i de.

Ond o, na, ma'n fis Mawrth, cha'i'm un eto,
am weddill y flwyddyn a mwy!
Bydd Trump wedi mynd erbyn hynny,
a Brexit di rhoi pawb ar y plwy!

Bydd Cymru 'di hen gwaliffeio
i Rwsia i Gwpan y Byd,
Bydd Byw Celwydd yn ôl ar y teli,
a ni'n dal i aros o hyd

am Chwefror, mis bach y crempog,
fedra'i'm meddwl am ddim byd sy'n well.
Pam Arglwydd y gwnaethost ti grempog mor flasus
a mis Chwefror nesa mor bell?

Cofi Dre

Clywsoch am X-Ray ym myd iechyd –
a ellid cael Covid-Ray? o gechid.
Fydd o'm yn rhad, mi gostith fags, ia,
ond 'rôl gwario'n sgrins gawn ni dynnu'n masgia!
Si lwmp o belydryn, dim jaman, hwrê!
I bob co a phob bodan – Cofid-re!

Ymson peilot

Dwi newydd gyhoeddi
yn dalog ein bod-ni
ddeng mil o droedfeddi
yn hedfan dros Sbaen.
Ond un funud! Hold on!
Ma 'na rwbeth yn rong –
Sut wna'i lanio y llong??
Be ddiawl sy'n mynd 'mlaen???

Dwi newydd gyhoeddi
yn dalog ein bod-ni
yn cylchu'r maes awyr
i lanio ym Mhryden.
Ond un funud! Hold on!
Ma 'na rwbeth yn rong –
Be ddigwyddodd i'r llong??
Sut ddiawl dwi mewn 'wyren??

Cymedroldeb

Bob pnawn dydd Iau yn Tesco cerddai Debbie rownd y siop
a'i basged yn orlwythog dan olwythion, stêc a tsiop.
Ond un dydd Iau, daeth Guto Bebb
o rywle, a sibrwd – 'Cymer drol, Deb'.

Yn Ionawr trodd Debi'n Fegan – yn Fegan dra eithafol,
A'i basged Tesco'n gwegian nawr dan ffacbys a dail tafol.
'Pa angen cig? Mi af i heb!'
Ond cofiodd gyngor Guto Bebb.

'Cymer drol, Deb' oedd y geiriau a newidiodd fywyd Deb,
ac Feganodd gân y cawr o Fetws Gwerful Goch, sef Treb,
a byw yn ôl ei gyngor o
sef siopa un dydd ar y tro.

Byth mwy ni fyddai'n rhaid i Debbie gario basged lawn
a châi gwarfod Guto yn y caffi yn Tesco bob prynhawn.
Cyn hir roedd hi a Guto Bebb
yn 'eitem' enwog – dau seléb.

Mae'r ddau i'w gweld yn aml nawr ar soffa Wedi Saith
yn sgwrsio efo Angharad Mair am bolitics neu waith,
ac erbyn hyn mae pawb, o droed yr Wyddfa i'w chopa
ac o Fôn i Fynwy, 'n gwybod hanes Deb a'i basged siopa.

Gŵyl Cann Offis 2009 (ymweliad Duw)

Daeth mis Mehefin eto, a Duw yn edrych mlaen
at fynd yn ôl i Ŵyl y Cann lle buodd O o'r blaen.
Fe fwciodd ar yr Internet – mae Duw yn dallt y We;
mi drefnodd ffleit ar Easyjet, direct flight syth o'r Ne,
i'r Cann am bedair noson: fe gliciodd ar y linc
a phrintio'i docyn allan (wrth lwc, roedd ganddo inc).

Fe baciodd O cyn cychwyn, llond bag o dywydd braf,
a chychwyn ar ei siwrne: ffordd wych i ddechrau'r haf.
Cyrhaeddodd Cann yn gynnar ar ddydd Gwener cynta'r ŵyl:
roedd marcî mawr yn barod, a Duw yn gêm am hwyl.
Mi sbrediodd O ei dywydd braf ar hyd y lle yn hael,
tri diwrnod hir o heulwen haf i bob un gael lliw haul.

Dechreuodd pobol gyrraedd o agos ac o bell;
roedd 'run fath â gŵyl y llynedd, ond efo tywydd gwell.
Roedd yfed mawr a smocio mawr ymhell i'r oriau mân,
ond roedd rhywbeth yn wahanol: lle oedd Gwib Daith Hen
Frân?
Ac yn lle'r prifeirdd meddw oedd yn arfer llenwi'r lle
roedd yr ŵyl yn llawn o lyfis, selebs a phobol ge.

Ac fe welodd Duw'r goleuni yn sydyn yn y fan –
nid yn Cann Offis oedd O, ond yng ngŵyl ffilmiau Cannes.
Ac yma mae hi'n bwrw hen wragedd a hen ffyn:
wel, diolch, Duw, am ddim byd. Ond ma'i'n dal yn well fan hyn.

'Bardic Strife'

(Gŵyl Cann Offis, 27.6.15)

Mi gefais gais ryw fis yn ôl gan Mister Arwyn Groe
yn gofyn imi ddod i gymryd rhan yn hyn o sioe –
"Ymryson beirdd eleni sydd ychydig bach yn wan,
ac felly, Geraint, ddoi di i feurynna 'Ngŵyl y Cann?"
Cytuno wnes wrth reswm, a hynny ar un waith,
ond o na! – dwi 'di glanio ar fy mhen mewn BARDIC STRIFE!!!

"Come to the Cann Office!" medde'r poster ar y drws,
"We got all kinds of beer, from Bass to Purple Moose!
We're gonna have a party, we'll never go to bed!
There'll be singing until daybreak in the old Calves' Shed!
It's one for all the family, so bring the kids and wife!
And if you'd like a bit of aggro, we've got BARDIC STRIFE!!!"

Nid dyma o'n i'n ddisgwyl pan gytunais i ddod lawr,
ond ma hi braidd yn hwyr i ddechrau tynnu allan nawr;
ma'r beirdd 'di hogi beiros, mae pob un yn s'nwyro trwbwl:
mae'r Ymryson ar fin dechre, a 'di ddim yn saff o gwbwl.
Os na wna i eu sortio nhw, wel wir, dwn i'm pwy wnaiff.
Foneddigion a boneddigesau, croeso i'r BARDIC STRIFE!!!

Amser cau

Mae'r piano 'di meddwi, Tom Waits wrth y bar,
ac mae rhywun 'di cymryd goriadau y car.
'Dan ni'n trafod fish fingers, Gai Toms a Glyndŵr,
ac yn amau fod Ken yn rhoi fodca'n y dŵr.
Mae Sara y barmed yn dipyn o fêb;
neith wisgi bach arall ddim niwed i neb.
Mae pobol gyfrifol i gyd yn eu gwlâu
ond dwi'n dal yn fama; mae'n hen amser cau.

Mewn clwb jazz yn Greenwich Village 30.12.10

Pedwar dyn sbectolog
yn fodlon yn eu nos
yn tynnu mêl o sacsoffon
a bas a Fender Rhodes,
ac alltud clên o Rochester
a thriawd o Frasil
a'r Siapaneaid bythol
i gyd am gael y thrill
o jazz yn nos y ddinas
mewn clwb yn Greenwich West:
mae'r barman fel John Hartson
a'r barmed yn ei fest
a boi yn codi Carlsberg
di-alcohol wrth y bar
a rhai yn dal i ddod i mewn
a neb am fod yn sgwâr
a hogyn du mewn hwdi
yn dod mewn heb ei gang

a thrwy hyn oll dwi'n methu peidio
meddwl am Iw Bang.

Y daith o'r gogledd i'r de

Anghofiwch am Route 66 neu Highway 61,
Y ffordd sy'n dwyn fy nghalon i bob amser ydi hon:
yr A470 ydi'r ffordd sy'n arwain tua'r De
a dyma'r ffordd i mi bob tro i gyrraedd seithfed ne'.

Rhaid stopio ger Dolgellau, dim ots faint fydd hi o'r gloch,
mae'r goleuadau traffig yno'n saff o fod ar goch;
a phan ddaw'r golau gwyrdd dydwi fawr callach yn y bôn,
mae 'na wastad ail un coch yn disgwyl ganllath lawr y lôn.

Ar ymyl ffordd yn Ganllwyd mae 'na blant bach sbwci iawn
yn sefyllian yno'n gwenu yn fygythiol drwy'r prynhawn;
dwi'n meddwl mai eu bwriad ydi deu'tha'i slofi lawr
ond dwi ar frys i fynd i'r De ac ar y ffordd ers awr.

Mae'r siwrne'n mynd yn weddol ond yn sydyn ar y gorwel
dacw siâp cyfarwydd pen ôl un o loris enwog Mansel;
mae'n wincio arna'i'n gynnil ac yn deud "dilyna fi",
fel tase gen i ddewis ond mynd 'mlaen 'run ffordd â hi.

Mae'r siwrne yn ddiddiwedd rŵan ar ôl pedair awr,
a hynny er y gwn i fod yr holl daith ar i lawr;
nid mater bach yng Nghymru ydi mynd o fan i fan:
ond fory fydda i arni 'to, a'r tro 'ma yn mynd lan.

Agor y Babell Lên

(Eisteddfod Maldwyn, 2015)

Mi ges yr alwad bore ddoe,
pam fi sy'n cael fy newis?
Beth am Hedd Bleddyn, Arwyn Groe
neu Dafydd Morgan Lewis?

"Na, beirdd 'di rheini, 'den ni'm haws,
'den ni'sio mynd down market,
anelu at y werin gaws.
Dim dress code a dim jacket."

Ond – fi yn agor Babell Lên?
ebychais gan ryfeddu.
Dwi prin 'di bod 'no, dwi'm yn hen,
a fedra'i'm cynganeddu.

Ond wedyn cofiais am y bri
pan gefais ddeg am englyn
gan Gerallt ar y BBC,
ces barch am gyfnod wedyn.

Ac felly – iawn, mi gyma'i'r job
a'r clod sy'n gysylltiedig,
mae'n brawf nad ydwi ddim yn iob,
dwi'n teimlo'n reit freintiedig.

So! mi gyhoeddaf gyda gwên
heb oedi fymryn rhagor –
Can croeso, bawb, i'r Babell Lên,
mae'r babell nawr ar agor!

Ailfrandïo

Trafaeliais i Ddulyn i'r gêm bêl-droed fawr,
Mi hwyliais yn hytrach na fflio,
Ac er na fûm 'rioed 'i gyrrau Brasil'
O'n i'n gweld y lle'n debyg i Rio.

Am ginio cyn gêm fe aethom i bỳb,
Roedd 'na fwydlen o'n i isio'i thrio,
A chogydd byd-enwog a wnâi bethau mawr
Efo sosban jips a phadell ffrio.

Ond och, roedd llygoden Ffrengig yn rhydd
Yn y gegin pan ddigwyddais i sbio;
Erbyn dallt, 'nifail anwes y cogydd oedd hwn
(Roedd rhywun wedi dwyn ei gi o).

Roedd y cinio yn flasus, ond pan ddaeth y pwdin
roedd y ll'goden wen wedi'i ddifrïo:
Yn y sos brandi poeth roedd ôl traed y cr'adur,
ac mi glywn i aroglau'i bi-pi o.
Roedd y pwdin a'r brandi 'di sbwylio i gyd,
a wir, o'n i bron isio crio,
Ond twt, meddai'r cogydd, mi ro'i frandi newydd,
ac aeth ati i'w ail-frandïo.

Â'i byth eto i Ddulyn, mae'r lle yn llawn rafins,
Gwehilion sydd 'mond i'w pitïo.
A wna'i byth yfed brandi, mae'n troi arna i nawr
Os prynir un imi, gewch chi o.

Steddfod Wrecsam 2011

Diolch am fod 'nôl yn Wrecsam – bro fy mebyd gynt,
Mae Steddfod wych 'di dod i ben, 'di hedfan fel y gwynt.
A rŵan ar ddiwedd wythnos dwi mewn dipyn bach o trauma,
mae pawb yn gadael tu thre, ond dwi'm isio mynd o'ma.

Y Lle Celf a'r Pafiliwn, y Babell Lên, Maes D,
Y bar gwyrdd a'r bar Ginis, yr Alarch a'r Oak Tree,
Y gigs yn Central Station, Clwb Rafa a Maes C,
a hwyl yr Horse & Jockey, a'r dyn sy'n gwerthu'r Glec.

Bu'n Steddfod dda i G'narfon, ac mae pob cofi dre
yn dathlu Coron Geraint a chadair Rhys – Hwre!
Mae'r haul 'di t'wynnu arnon ni, ac ambell gawod fach
i'n cadw ni rhag rhostio, a'n cadw ni yn iach.

Mae'r Cae Ras wedi'i achub, ond be am y clwb ei hun?
Bydd angen Prif Weithredwr – wn i, Elfed ydi'r dyn!
'Rôl rhedeg yr Eisteddfod bydd y clwb pêl-droed yn hawdd,
a geith o aros yn y fro sy'n nefoedd ger y Clawdd.

Y Celtiaid yn yr Eisteddfod

(Casnewydd 2004)

Daw Calon Brezilien a Gwenc'hlan o Lydaw
ac Iain McLeoid o'r Mod yn yr Alban,
a Celine Ni Chochlaigh a Blathnaid ó Brádaigh
ydi cynrychiolwyr Oireachtas Iwerddon.
O Gernyw daw Barth Mur a Mergh Casnewydd,
ac Oddan Teyle ydi boi Patagonia...
... a chynrychiolwyr Gorsedd Ynys Manaw
ydi cwpwl o'r enw ... Gordon a Dawn, ia!

Wel, mae'r Steddfod 'di mynd yn beth comon go iawn,
efo Meic o'r Llan ar yr organ,
y Prif Lenor Kevin yn cyfarch y bardd
a Jason yn ennill y goron.

Felly peidiwch â phoeni os nad ydach chi
yn ap Rhun ap Peredur Faharen;
mae pethau 'di newid – mae'r un siawns gan bawb;
pob Kylie, pob Wayne a phob Darren.

Limrigau lle chwech

Wrth ddarllen gwaith Brecht ar y bog
mi gynhyrchais i andros o lòg.
    Gwrthsafodd bob fflwsh
    a sawl hwb efo brwsh:
o'n i wir wedi mynd yr whole hog.

Wrth ddarllen gwaith Philip K Dick
dechreuais i deimlo yn sick:
    mi sychais fy nhin
    efo page seventeen
a mynd o'r tŷ bach yn reit gwick.

Wrth ddarllen y papur dydd Sul
meddyliais: ai fi sydd yn gul?
    wel, sa'i'n meddwl bo fi -
    y byd sy'n gwallgofi
tra dwi'n eistedd fama fel mul.

Dwi yma o hyd ar y bog
'rôl cynhyrchu anghenfil o lòg,
    mae o'n denau a hir
    ac yn drewi – yn wir,
mae'r un ffunud â Jacob Rees Mogg.

I Marian yn 50

Pen-blwydd hapus iti, Marian,
nawr dy fod ti'n hanner cant,
paid â phoeni am flewyn arian
nac am golli ambell ddant,
nac am wrincls – paid â meiddio
mynd am facelift na bo tox.
Rhywbeth prydferth 'di heneiddio –
croeso atom ni'r hen grocs.

Wrth wagio bin

Gofynnodd imi dros y clawdd a wnawn i wagio'i bin.
Cymerais innau hynny fel gwahoddiad,
a symud i fyw ati hi. Roedd hithau braidd yn syn,
ond roedd rhaid iddi edmygu fy ymroddiad.
Aeth deugain mlynedd heibio ac mi drodd ein gwalltiau'n wyn,
a ninnau 'di heneiddio mewn amrantiad;
ond mae hi'n nos Sul eto a dwi'n dal i wagio'r bin,
ac erbyn hyn does dim ar ôl ond cariad.

Cwpledi 'ciwt'

'Mond am heno, dwisio dyn –
un ciwt sy'n smocio cetyn.

Trixie sy'n gwisgo tracsiwt.
Hogan od, ond God, ma'i'n giwt.

Marrakesh, Tachwedd 2005

Mae edrych dros doeau yr hen Faracesh
yn gwneud imi grynu, er nad ydwi'n nesh.
Draw ar y copa mae'r eira yn wyn,
a finne yn boeth yn yr haul lawr fan hyn,
ac ma cwrw Casablanca yn blasu yn ffresh
yn y bar ar do'r riad yn yr hen Faracesh.

Mae cerdded drwy Jemaa el-Fna gyda'r nos
fel cerdded drwy Wrecsam i hogyn o'r Rhos,
ond heb y bygythion, y meddwon na'r braw,
'mond cannoedd o lanciau, rhai hy ar y naw,
isio dawnsio, difyrru, rhoi bwyd neu roi cân;
ond rhosa'n dy stafell 'sna sgen ti bres mân.

* * *

Rhoir imi ddŵr, nid cwrw – ym muriau
        Marrakesh mae'n sych, w.
    Dŵr glân 'di'r boi, dŵr gloyw.
    Be rown i am beint o hôm brw.

Englyn yn Efrog Newydd, 30.12.10

Fel mêl y mae'r Afal Mawr – yn herio'r
        synhwyrau â'i bersawr,
    ac o, fe ddaeth eira cawr
    i'm swyno cyn mis Ionawr.

Ewro 2012 – Stomp yn Felinheli

Croeso ichi Stompwyr Ewro dwy fil un deg dau,
Nid Sbaen a'r Eidal sy 'ma, dan nw'm yn 'r un un cae.
Na, dau dîm o feirdd sydd yma yn y Felin ganol ha' -
Ar y dde, holl ffordd o'r dre, dyma dîm Cwmni Da,
Tîm bach clên sy'n siŵr o godi gwên neu 'chosi gwg,
Ac ar y chwith, tîm Felinheli All Stars, Cwmni Drwg.
Mae Cwmni Da'n hyderus dan eu capten dawnus Nici
Yr un mae pawb yn troi ati pan ma petha'n mynd yn stici.
Yn y gôl mae dwylo diogel Gwion Hallam dyn y pethe
Mae'n debyg iawn i fi medd rhai os na dach chi'n cyfri'r tethe.
Yng nghanol cae does neb yn neud o'n well na Bethan
Gwanas
Nid chware ffwtbol na barddoni, dwi'n sôn am dyfu pannas.
Ond seren Cwmni Da di Iwan Rhys y super syb
Enillydd stôl, dwy Gadair, ac ambell gwis mewn pyb.
Os sgorith Cwmni Drwg heno dwi'n fodlon rhoddi bet
mai'r prifardd Karen Owen fydd wrthi'n sgorio drwy ei het
Mae Llyr Ifans 'n ôl pob tebyg yn asgellwr eitha sownd
ond yn lle mynd fyny a lawr y cae mae o'n mynd rownd a
rownd
Dynwaredwr campus ydi Himyrs, fysach chi'n rhyfeddu,
Heno mae o am ddynwared boi sy'n gallu cynganeddu.
Yn gapten ar y Cwmni Drwg mae Llion Derbyshire
Ma'n sgut am sgwennu c'neuon, ond ma nw braidd yn hiyr.
Ac yma yn eu canol nhw mae'n fraint cael bod yn reff,
nenwedig gan mai cyfanswm fy ngwybodaeth ydi eff –.

Chwarelwr

Chwarelwr ydwyf fi
'run fath â 'nhad a 'nhaid,
ond nid fy mab – mae hwnnw'n ysgrifennydd efo'r Blaid.
Mae gen i ordd a chŷn
yn barod at fy ngwaith,
mae gan fy mab i Apple Mac a slot ar Wedi Saith.

Prins Charles, nei di ollwng fy llaw?

Mewn bwyty yn yr Almaen efo llwyth o bobol hen,
o'n i'n llwgu ac yn nabod neb, oedd pawb ar y siampên,
faswn i 'di byta sauerkraut, 'swn i 'di byta mins,
ond yn sydyn drwy y dyrfa, mi sbotiais i y Prins.

Oedd o'n siarad efo Iain Duncan Smith ac Alun Ffred,
rhaid 'mi beidio dal ei lygad, os gwelith fi dwi'n ded,
ond ar hynny galwodd "Geraint!" ac estyn wnaeth ei law,
"I'm very pleased to see you here, what are you doing now?"

Mi sgydwodd o fy llaw i, a dechre malu cachu
fod o'n gwerthfawrogi 'ngwaith arbennig yn y bwth cyfieithu,
cyn symud mlaen at ffarmwr tew i siarad am y glaw,
ond er ei fod o'n mynd wnaeth o ddim gollwng ar fy llaw.

Doedd ei law o ddim yn fawr, ond waeth imi fod mewn feis,
oedd ei afael o mor dynn, roedd hyn yn deimlad ddim-yn-neis,
oedd Alun Ffred yn chwerthin, o'n i'n meddwl bod o'n ffrind –
O, pam na neith y Twysog 'ma jyst adael i fi fynd?

Hei Prins Charles, nei di ollwng fy llaw?
Hei! Prins Charles! Nei di ollwng fy llaw?

Cwpan y Byd 2010

Ffaff, dyma Gwpan Fifa – di cyrraedd
        i'n cario i Nirfana.
    I ni ffans mae'n jans go dda
    i wylio gêms reit dila.

Massif nid ydyw Messi – mae'n fyr,
        yn fach ac yn secsi,
    â doniau fel Hwdini,
    boi pêl, mor slic â B.P.

Caf falm o wylio'r Almaen – tîm sydyn,
        nid sidêt, ond llymflaen
    cefnwr chwith fel gwenithfaen,
    sy bownd o guro tîm Sbaen.

Oedd Sbaen yn pissd 'nerbyn Swistir – neu 'mond
        yn 'meh'? fe ofynnir.
    Tit 'di Torres heb wallt hir;
    Xavi'n y tîm anghywir.

Yn 'ranialdir mae Ronaldo – a'i bêl,
        a'i bolycs a'i wincio,
    Ffugiwr sy'm patch ar Figo:
    Arwr pob deifiwr 'di o.

Brasil a'u sgil sy'n galw – am griw
        i ymgrymu o'u blaen nhw.
    Dunga'n gweiddi dwbi-dw,
    Elano'n gafael yn-nw.

So-so ydi tîm y Saeson – ffylied,
        ceffylau gwadd, dynion
    di-glem, twats, sawl lemon,
    a baw y byd yn y bôn.

Ewro 2016 – mis yn Ffrainc

Daeth, fe ddaeth yr awr i ni, a'r miloedd yn Bordeaux.
"Ma'i fel Eisteddfod yma!" oedd y sylw dro 'rôl tro.
Ben Davies yn ein hachub pan oedd cefnau at y wal
cyn i'r freuddwyd droi yn fêl pan sgoriodd Gareth Bale a Hal.

I fyny â ni i Lens at yr hen elyn, Ingyrland,
ac erbyn hanner amser roedd hi'n barti dan y stand.
Roedd Bale 'di'i gwneud hi eto, ond fedrai hyn ddim para,
a'r hogiau yn y crysau llwyd yn colli tir yn ara'.

Toulouse oedd y stop nesa, i wynebu Rwsia fawr,
a'u chwalu fel tîm ysgol fach, a phob un Cymro'n gawr.
Ramsey yn ei elfen, a Neil Taylor'n hawlio gôl!!
Ar frig y tabl, ar ben byrddau, awn ni'm adre'n ôl!

Ymlaen i Baris - Gogledd Werddon yn y 'last sixteen',
a gorfod eilwaith droi ein cefnau ar 'God Save the Queen'.
Hen frwydr galed oedd hi ac roedd nerfau pawb yn wan
cyn i ddycnwch pur ac un gôl ffodus lusgo'r tîm i'r lan.

I'r rownd go-gyn-derfynol, lle roedd Belgiaid yn un môr
yn llenwi pob un stryd a sgwâr yn Lille, a'u lleisiau'n gôr,
a ninnau'n boddi, ond mae'r capten Ashley wrth y llyw,
a Hal! Hal Robson Kanu!! Vokes!!! Mae'r freuddwyd eto'n fyw!

A bellach dim ond Portiwgal oedd rhyngom ni a'r nod
ond heb Ben nac Aaron na'r crys coch, doedd llwyddiant
ddim i fod,
a thorrodd naid Ronaldo ein calonnau ni bob un.
Ond daethom adre i ganu clodydd dau ddeg pedwar dyn –

Chris Coleman. Gunter. Hennessey.
Ward. Taylor. Davies. Chester.
James Collins. Ashley. Owain Fôn.
Dei Vaughan. Jazz. Joniesta.
George Williams. Cotterill. Ledley. Ramsey.
Church. King. Edwards. Bale.
Joe Allen. Robson Kanu. Vokes.
Gwir arwyr byd y bêl.

Cwpledi

Beibl i bawb o bobl y byd,
a Hoover 'sa'n dda hefyd.

Ges i anrheg, sef sunroof,
'da Stan, sy'n gwbod ei stŵff.

Sadiais wrth gyrraedd Sadwrn:
Ffwc! nes i'm diffodd y ffwrn!

Heblaw am K-pop, sy'n bla,
da ydi De Corea.

Ma'i'n galed ym Mongolia.
Ffyc, does na'm hyd yn oed ffa.

"Yn y Thaab?" gofynnaith i.
"To *Builth*," oedd ateb Elthi.

Ffermwyr

Canmolwn ffermwyr Cymru,
y boneddigion mwyn
sydd wrthi yn y caeau
yn gofalu am eu hŵyn:
a gwarchod wnânt ein cefn gwlad
gan dwtio perth a llwyn,
yn arwyr tawel wrth eu gwaith
heb yngan gair o gŵyn.

Cymdogion

Mae gen i gymdogion go fentrus:
Mae'r gŵr, fel dwi'n deall, yn ddentist
    adain dde, a'n filiwnydd,
    a'i wraig yn gomiwnydd.
Ond mae gweddill y teulu yn centrist.

Drws nesa, mae gen i gymdogion
go fentrus: mae'r ddau'n weinidogion
    mewn tre sy'n ddi-Dduw,
    a phawb yma'n byw
mewn trythyllwch, hyd 'n oed y Cristnogion.

Mae gen i gymydog sy'n smalio
y daw acw i'm helpu i walio
    ond wedi dod draw
    prin y codith ei law;
tra dwi'n walio mae o'n dilidalio.

Mae gen i gymydog sy'n smalio
bod llygoden yn byw yn ei ali o
    sy'n mynd ar ddwy goes.
    Dwi'n gwybod nad oes,
ac mai celwydd dio, ond dwi'm yn malio.

Trydargerdd

(sef un o dasgau'r Talwrn: cerdd sydd, fel un o negeseuon X, heb fod dros 280 o nodau cyfrifiadurol)

Fy Hoff Dasg

Y soned oedd fy hoff dasg slawer dydd
pan oedd y Meuryn gorau yn ei le.
Mewn 14 llinell rhown fy ffydd;
adleisiwn Parry-Wms neu DJ,
cyn dyfod Meuryn newydd megis fflach -
un llym ei farn am soned yn y bôn -
daeth hen ffurf Parry-Wms dan ei lach,
a'i gwahardd wnaeth, a fiw i ninnau sôn
am

[SORI – WEDI CYRRAEDD 280 NOD – DRIAN NI ETO]

Fy hoff dasg yw'r drydargerdd;
does dim byd yn fwy cŵl, ch-
wilota pob llythyren
pob atalnod a phob bwl-ch.
'Sdim angen hen farddoni,
mond cyfri pob un nod
a chadw dan 280;
pa mor anodd all o fod?
'Sdim angen bod yn gryno,
mae 280 yn lot!
mae'n amlwg bod y meuryn
wedi hen hen golli'r plot.

Y Grŵp Watts-Ap

Nôl yn y saithdegau tra o'n i yn byw fan hyn,
ymhell mewn gwlad wahanol magwyd Ifor, yr Ap Glyn.
Cocni bach o Gymro ydoedd Ifor yn y bôn,
a Llundain oedd ei gartref (er bod teulu yn Sir Fôn).
Mynychai "Pinner Prim'ry School for Boys, Girls and
Transgenders"
ynghyd â'i gyfaill penna – Curly Watts odd'ar Eastenders.
Roedd y ddau yn ffans cerddoriaeth garej, pync, hip-hop a rap,
a phenderfynu ffurfio grŵp wnaeth Watts ac Ifor Ap.
Roedd Cymraeg yn iaith ecsotig iawn i hogie Pinner School,
felly penderfynwyd galw'r grŵp yn Grŵp Watts-Ap – yeah,
cool.
Efo hits fel Cerddi Albert Square roedd Grŵp Watts-Ap yn fawr,
cawsant slot ar Old Grey Whistle Test, The Tube a Miri Mawr.
Ond does dim Watts-Ap bellach, yn drist iawn bu farw Curly,
ac wrth iddo gyfarch Pedr Sant wrth borth y Giatiau Pearly
dywedodd "Ro'n i'n aelod o Grŵp Watsap cynta'r byd,"
a chafodd groeso mawr 'n y nef gan Dduw a'r saint i gyd.
Ac am Ifor Ap, ein prifardd, wel, beth bynnag arall neith o,
fel ffurfio'r Treiglad Pherffaith, a canu efo Llwybr Lleitho',
y Grŵp Watts-Ap yn Pinner fydd ei bennaf 'claim tw ffaim',
chos fel dwedodd ei gydwladwr Shakespeare:
"Wott is in a naim?"

Dadorchuddio Cofeb

Aeth Cofeb Jones a'i deulu bach ar drip yr Ysgol Sul
i Rhyl, lle mae 'na draeth mawr braf a siawns i reidio mul,
Y plantos, Crysbas, Het a Mac oedd wedi gwirioni'n bot,
pob un â'i raw a'i fwced, pêl, inffletabls, y lot.

'Rôl cerdded hyd y prom a joio hufen iâ llawn maeth
aeth Cofeb Jones a'i blant i hawlio'u patshyn ar y traeth.
Ar bob trip glan-y-môr fel hyn, claddu Dad 'di'r ddefod,
a chyn hir roedd Cofeb wedi'i gladdu'n llwyr o dan y tywod.

Aeth Mam â'r bychain at y môr i badlo yn y dŵr,
gan adael pentwr dillad a thywelion efo'r gŵr.
'Rôl gêm o rownders, candi fflos a mwy o hufen iâ,
aeth criw y trip am dro i'r ffair am sbri ac amser da.

Gwibiodd oriau heibio, a daeth amser mynd tua thre,
ond cofiodd rhywun am Cofeb – ar y traeth yn rhywle –
ond lle??
Rhaid dadorchuddio Dad! A dyma ddechrau cribo'r tywod,
a phawb o'r bws yn helpu'r plant i drio ei ddarganfod.

Ni ddadorchuddiwyd Cofeb byth, er chwilio ym mhob man,
a heddiw yn y Rhyl 'mond tywel gwlyb sy'n nodi'r fan.

Ymweliad addysgol

Dwi 'di bod ar ymweliad â'r Taj Mahal,
dwi 'di bod ar ymweliad â'r Pab,
ond fy ymweliad mwyaf addysgol erioed
oedd tudalen Facebook y mab.

Mi biciais i mewn un nos Sadwrn hwyr
pan oedd dim byd ymlaen ar y bocs,
a'i weld o mewn parti mewn tŷ yng Nghaerdydd
yn noethlymun heblaw am ei socs.

Ces gip ar ryw fideo o'i drip o i Rhyl
a dysgais nad ydyw yn sant.
Ro'n i'n dyst i weithredoedd na ddylid eu dangos
heb rybudd 'anaddas i blant'.

Ma'i fywyd yn un rhes o antics di-chwaeth
fyddai'n sicr o siomi ei fam,
ond dwi'm angen gweld y dystiolaeth o hyn
na gwybod be nath o efo'r jam.

Y mae yn y byd 'ma rhwng geni a'r bedd
ambell i fan lle nad af,
ac un o'r rhai hynny heb os erbyn hyn
yw tudalen Facebook y mab.

Y Ring, Llanfrothen

Dwi di bod yn Colorado,
yn Bilbao a Bei-jing,
yn Belgrâd a Montenegro,
Frankfurt, Cairo, Sblot a Sling,
Merthyr Tudful a Toronto,
Pizza Hut a Burger King:
'ches i rioed y ffasiwn groeso
ag a gefais yn y Ring.

Troad y flwyddyn

Eleni mae'r olwynion – yn 'rafu
        ond rywfodd rwy'n fodlon
  betio mai pasio'r baton
  i'r to iau yw bwriad hon.

Nid llwynog

oedd yr haul -
tiwn da.
(geiriau gwael)

GWEDDILL STWFF

Caneuon Achlysurol

I Mari ac Ed, 27.10.12

(ar alaw 'Mari fach fy nghariad')

Mae gen i ferch o'r enw Mari, un swil, ar fy myw
neu mi oedd hi tan aeth hi i Ysgol Syr Huw.
Gwnaeth hi lawer o ffrindiau newydd wrth dyfu yn ferch
Ond yn Dre doedd na'm bachgen i ddenu ei serch...

Un mor annwyl, mor swynol, yr harddaf yn fyw
ydoedd Mari fach o'r Clogwyn ac Ysgol Syr Huw.

Pan aeth i ffwrdd i Aberystwyth i'r col ger y lli
Cyfarfu â llencyn bron mor hansym â fi.
Roedd ei sgwrs o yn wahanol, sôn am ddefaid a sêls
ac roedd o'n dod o ryw fferm fach yn rhywle'n mid Wêls.

Un mor annwyl, mor swynol, bonheddig a llon
ydoedd Edward Vaughan o Sychtyn, mab Beryl a John.

Pan soniwyd am briodi, mi ddwedais 'no we'
Dwyt ti ddim yn cael priodi 'fo boi sy'n deud 'ne'.
Ond newidiais i fy meddwl, a'i dderbyn fu raid
Wedi dallt fod o'n dod o'r un pentre â taid.

Dau mor annwyl, mor swynol, yr harddaf yn fyw
ydi Mari fach ac Edward sy'n Sychtyn yn byw.

A rŵan ma'r ddau yn hapus yn byw yn y wlad
ddim yn bell o'r Cann Offis, yn ddedwydd eu stad.
Bydd eu plant nhw'n blantos Maldwyn, rhai mwyn sy'n deud 'ne'
Ond bydd tamaid bach ohonynt yn perthyn i'r Dre.

Dau mor annwyl, mor swynol, yr harddaf yn fyw
ydi Mari fach ac Edward sy'n Sychtyn yn byw.

I Gwerfyl yn 60 Oed

(ar alaw 'Don't come the cowboy with me' – Kirsty MacColl)

Ma 'ne dŷ yng Nghaerdydd lle ma'r croeso mor gynnes
    ti wastad jyst isio mynd 'nôl
Lle cawn iste'n y gegin am orie bwygilydd
    yn gwrando ar Kirsty MacColl.
Potel o win a rhoi'r byd yn ei le
    mwydro a siarad yn ddoeth
Chwerthin a chanu a'r fraint o gael rhannu
    perthynas a ffrindiau am oes.
A Gwerfyl, brenhines y sioe.

Yn y flwyddyn a fu sneb 'di cael mynd i'r tŷ
    lle ma'r croeso bob amser mor glên
'den ni'n colli'r gwmnïaeth a mawr ydi'r hiraeth
    am win rownd y bwrdd efo gwên
Ond yn dy 60au daw eto adegau
    i'w cofio yn nhŷ Pembroke Road
Efo Marc yn dy gadw di'n gall fel bob amser
    mae lot mwy o hanes i ddod
A fama 'den ni isio bod.

Pen-blwydd hapus i Gwerfyl, hen ffrind
a dwed wrtha'i lle ma'r blynyddoedd 'di mynd
Rwyt ti'n 60 oed heddiw a ninnau yn hŷn.
Pen-blwydd hapus i ti.

Tomos y Tap

(ar alaw 'Nawr mae'r haf wedi dod' – Cedwyn Aled)

Mae 'na rai sy'n trio proffwydo pethe o hyd
ond sgen i ddim clem pwy enillith Cwpan y Byd
na phwy enillith Wimbledon, sdim ots gen i,
ond y cwestiwn gan bob actor crap
ydi "Pwy geith ran fawr Tomos y Tap yn y Steddfod?"
Nawr mae'r haf wedi dod.

Mae pob bardd yn gofyn "Tybed ga'i y Gadair eleni?"
ac mae na holi mawr geith Charli byth fod yn frenin;
ydi Wrecsam am fynd i fyny? peidiwch gofyn i mi,
ond y cwestiwn gan bob actor crap
ydi "Pwy geith ran fawr Tomos y Tap yn y Steddfod?"
Nawr mae'r haf wedi dod.

Ma pawb ofn marw'n sydyn yn Pobol y Cwm
achos ma bywyd actor di-waith yn ddigon llwm,
ond mae Gina wedi symud ymlaen at bethau mwy
a'r sôn ymhlith actorion crap
ydi ma hi fydd Mrs Tomos y Tap yn y Steddfod.
Nawr mae'r haf wedi dod.

Deallusrwydd artiffisial

(ar alaw 'You picked a fine time to leave me, Lucille')

Dwi ar ben fy nigon yn byw yng Nghaernarfon,
ond wrth i mi fyned yn hen
dwi'n edrych am gariad, ond gwael dwi am siarad,
does gen i ddim llawer o frên,
Sgen i'm deallusrwydd, a cha'i ddim hapusrwydd,
a wir dwi'm yn gwbod be 'na'i?
ond clywais ryw sisial am frên artiffisial,
rhyw system o'r enw A.I.

A dyna ffodusrwydd, mae'r ffug ddeallusrwydd
ar gael yn agored i bawb
i sgwennu traethode, erthygle neu lyfre,
mae A.I.'n gneud popeth yn hawdd.
Mi hoffwn i hynny, a dwi'n penderfynu,
sgen i'm byd i golli, pam lai?
Mae i weld yn beth handi, mi af i amdani,
ma raid imi drio A.I.

Mi holais i Edna sy'n ffarmio drws nesa
lle mae'r A.I. gorau i'w ga'l,
o'n i mewn cyfyng-gyngor ond dyma y cyngor
ges i ganddi hi dros y wal:
Cer at y Weinyddiaeth, y Ministri Amaeth:
fydd dy wartheg di byth yr un fath.
Pa wartheg? me' fi, sgen i'm hyd yn oed ci,
'mond hamster mewn cawell a cath.

Ond ffonio a wnes i, a dydwi'm yn cresi,
ond wir, ges i sgytwad go fawr –
daeth dyn mewn siwt ddu'n cario briffces i'r tŷ
a deutha'i am orwedd i lawr.
Tra'n whislo 'Jean Genie' rhoth beip fyny 'nhin i,
a dyna pryd hities i'r to;
Dwn i'm be ddigwyddodd, ond ar ôl troi drosodd
dwi bellach yn rhiant i lo.

O fy Nuw, dyma uffern o strach!
Dydwi'm yn fuwch ond dwi'n magu llo bach!
Hwnnw yn strancio a brefu a phrancio ar y carped ac yn y tŷ
bach.
O fy Nuw, dyma uffern o strach.

Mae hi'n ffordd bell 'nôl i Drawsfynydd

(ar alaw 'It's a Long Way to Tipperary')

Ellis Humphrey Evans benderfynodd ddod i'r Dre
lle mae pob un stryd yn aur a chroeso ym mhob lle
Canodd yng Nghlwb Canol Dre, Blac Boi a'r Ship and Cas'
Dyma'i gân bob tro ar ôl cael boliad o Drafft Bass:

> Mae hi'n ffordd bell 'nôl i Drawsfynydd
> Mae hi'n ffordd bell i fynd
> Mae hi'n ffordd bell 'nôl i Drawsfynydd
> lle mae 'nghariad i a'm ffrind.
> Ta-ta i'r Ship and Castle,
> hwyl, Clwb Canol Dre,
> Mae hi'n ffordd bell, bell 'nôl i Drawsfynydd
> Ond fanno 'di'r lle.

Sgwennodd Ellis lythyr at ei gariad yn y Traws
"Tyrd i wlad y Cofis lle mae bywyd gymaint haws
Lle does neb yn cwffio ar y Maes am hanner nos
Neb yn rhegi llawer nac yn gorwedd mewn 'run ffos."

> Mae hi'n ffordd bell 'nôl i Drawsfynydd ...

Ddo'i ddim adre eto i Drawsfynydd erbyn hyn
F'unig obaith bellach yw y cofiwch am Hedd Wyn
Gwae fy myw mewn oes mor ddreng a Duw ar orwel pell
Gwyliwch dros fy nghadair wag, cawn gwrdd mewn dyddiau gwell.

Mae hi'n ffordd bell 'nôl i Drawsfynydd
Mae hi'n ffordd bell i fynd
Mae hi'n ffordd bell 'nôl i Drawsfynydd
lle mae 'nghariad i a'm ffrind.
Ffarwél i Feirionnydd,
i bob bryn a dôl
Mae hi'n ffordd bell, bell 'nôl i Drawsfynydd
A ddo'i byth yn ôl.

Strictly Noson Lawen

(ar alaw 'Supercalifragilisticexpialedocious')

Draw yn y brifddinas yr oedd bwrdd S Pedwar C
yn trafod diffyg gwylwyr tost ac meddai un, "O hec!
Does neb yn gwylio mwyach, 'dan ni yn y cach go iawn!"
a dyma y drafodaeth fu am weddill y prynhawn:

Mae Noson Lawen past it, mae hi'n llawer rhy hen ffash;
mae fatha Huw Llywelyn cyn 'ddo siafio ei fwstásh;
mae angen delwedd newydd sbon, *makeover*, chwedl y Sais,
a throi yn *Strictly Noson Lawen ... Idol ... Ffactor Waw ... ON ICE!!*

> *STRICTLY NOSON LAWEN IDOL FFACTOR WAW ON ICE,*
> Dangos bod ni 'Nghymru fach lawn cystal â 'run Sais,
> Arlwy sy'n llawn bwrlwm, a *so good they named it twice* –
> *STRICTLY NOSON LAWEN IDOL FFACTOR WAW ON ICE!!*

"Sgynnon ni mo'r dalent yma 'Nghymru" ydi'r gŵyn,
ond gewch chi gadw Cheryl Cole, mae gynnon ni Rhys Mwyn!
Ocê, 'di Dai Llanilar ddim yn Louis Walsh, ond diawl,
mae gynnon ni Aloma, sy'n lot gwell na Simon Cawl ...

> *STRICTLY NOSON LAWEN ...*

Ac erbyn hyn mae miloedd yn troi mewn i Es Ffor Si
i wylio'r Noson Lawen, 'mond am 'bod hi yn *strict-lî*,
ac am fod ganddi *Ffactor Waw* ac *Idol* ac *On Ice*,
mae'r Sianel wedi'i hachub a'r Gymraeg 'di ffeindio'i llais,
diolch i ...

STRICTLY NOSON LAWEN ...

Dagrau Gazza

Dwi 'di crio afon ers pan est ti i ffwrdd
ac mae'n dal i lifo,
dyna be sy'n digwydd bob tro dan ni'n cwrdd,
mae o'n dal i frifo.
Ond s'na'm pwynt 'mi dorri nghalon, duw,
wrth ymyl un sydd wedi'i frifo i'r byw
'di nagrau i ond megis piso dryw yn y môr...

faint o weithie den ni'n boddi'n ymyl y lan?
mae o'n gneud 'ti grio,
mhen pedair blynedd gawn ni fethu mynd i Japan,
fydda'i'n methu sbio;
ond ar ôl Bodin efo'i benalti
does 'na'm byd neith dynnu nagrau i,
dwi wedi gweld pob dodgy reffarî yn y gêm...

Mae Cwpan y Byd yn ddigon mawr i rai
ond does na'm cwpan yn y byd
sy'n ddigon mawr i ddal dagrau Gazza.

Ond ma'i wedi naw, yn bwrw glaw, yma dan y gole gwyn,
finne'n crio'n wlyb hyd at 'y nghroen;
a dwi'n cofio'r gôl, cofio'r handball –
di'm yn mynd dim gwaeth na hyn
dagrau'r glaw yn cuddio dagrau'r boen.

Y milwr bychan

Doedd o mond yn un deg naw
ac roedd y gwn 'ne yn ei law
a'i fys o ar y trigar yn dynn,
yn barod i ymladd reit i'r pen
dros ryw achos yn ei ben,
a doedd hwnnw ddim yn glir iawn erbyn hyn

Ond roedd o wedi bod drwy'r felin
ac yn beiriant lladd soffistigedig iawn,
wedi'i drwytho yn nulliau trais
a'i ddysgu i ladd heb oedi i ofyn be sy'n iawn.

Doedd o mond yn un deg naw
ac yn gelain yn y baw,
dyna stori oesol rhyfel drwy y byd;
does na'm gwahaniaeth rhwng y bom
a marwolaeth yn y Somme
a chael bwled yn dy gefn yn y stryd,
achos mae rhyfel unrhyw gyfnod
yn troi dyn yn llofrudd wedyn yn ei ladd;
mae'n ymweld â chenedlaethau
ac yn galw'n sydyn heb i neb ei wadd.

Doedd o mond yn ugain oed
yn cael ei gladdu dan y coed.

Ta-ta George

(ar alaw 'Candle in the Wind')

Ta-ta, Georgie bach,
er bod fi'm yn nabod ti at all,
dwi'n gwbod fod ti'n ddyn
oedd yn da i byger all.
Roeddet ti yn Lord,
ond nest ti byth golli'r common touch,
o'n i'n dy edmygu di,
ie, ti a Lord Sutch.

Ac mae'n debyg nest ti fyw dy fywyd
yn swigen yn llawn gwynt
yn gweiddi 'order order' i neud ambell bunt,
a 'swn i 'di licio dy nabod di
dim ond er mwyn
cael stwffio cannwyll yn dy din
a moron yn dy drwyn.

Cymru'n fotio 'ie'
oedd yr hoelen ola yn dy arch,
mi oeddet ti 'di disgwyl
cael dy drin efo mwy o barch.
Ond er colli'r fôt
doeddet ti'm yn un i newid crys
hyd yn oed os oeddet ti
yn drewi o hen chwys.

Ac mi fydda'i yn dy golli di
ar ôl iti ddeud bai-bai
achos ti oedd 'n Tywysoges ni, ddim Ledi Dai.
Yn ddeinosor mor annwyl
aethost at dy dduw
gan adael 'mond atgofion
a'r hyfryd Carys Puw.

Fy hoff gitarydd yn 50 oed

(ar alaw 'My perfect cousin')

Gen i gitarydd o'r enw Kevin
Mae'n dod o dre wrth ymyl Nefyn
Dwi'n trio chware'r piano yn dda
ond ma Kev jyst isio clywed ei gitâr.

Hyd yn oed pan oedd o'n seventeen
i'r prifathro oedd o'n boen yn tin
Wrth i'r ysgol gau, fo oedd y lout
oedd yn agor ei ffenest ac yn blastio "School's Out"...

Fy hoff gitarydd
Fydd o'n Pentrefoelas? Na fydd.
Rŵan mae o'n bum deg oed,
mae o'n fwy swnllyd nag erioed.

Dwi ddim yn trio bod yn ffyni
ond di Hendrix jyst ddim yn'i.
Mae rhai yn deud fod Hendrix yn dduw
ond ma Kevin, wel ma Kevin yn fyw!

Rŵan mae o'n bum deg oed
yn gwneud mwy o dwrw nag erioed
efo cymaint o bedals a special FX:
i Kevin ma'r gitâr yn well na sex.

Merched Caerdydd

(penillion newydd i gân Geraint Jarman)

Dwi'n caru merch o'r enw Haf,
mae ganddi dent ar gaeau Llandaf.

Dwi'n caru merch o barc y Rhath,
dwi'n rhannu gwely efo'i chath.

Dwi'n caru merch sy'n byw'n Nhreganna,
mae hi'n caru yn nhraed ei sana.

Dwi'n caru merch o ardal Bute,
dwi'n ei charu yn ei birthday siwt.

Dwi'n caru merch o ardal Sblot,
mi nei di'i hoffi hi, but not a lot.

Dwi'n caru merch sy'n byw'n Cathays
mae hi'n styfnig, but vi hav veis.

Dwi'n caru merch o ardal Ely,
mae ganddi aeliau fel Dennis Healey.

I gyfarch y Prifardd Ifor ap Glyn

Dave a Julie, a Cheryl a Wayne,
dyfodol yr iaith Gymraeg ydi rhein,
maen nhw'n trio ei dysgu ond ma'n gythraul o job
so cer atyn nhw i siarad a paid â bod yn snob:
hola be di hanes Ifor ap Glyn;
os nag den nhw'n ei nabod, mi ddylen erbyn hyn,
fo nath eu creu nhw, mae o dipyn fel Duw:
mae genno fo'r goron, ond ddim yn y nefoedd mae'n byw.

Dave a Julie, a Cheryl a Wayne,
peidiwch poeni am eich creawdwr, mae o'n hen foi clên;
amddiffynnwr pob Neijal, un o'r gore o blant dynion,
a'r dyn sy efo patent ar boil-in-the-bag englynion:
mi fyddwch chi'n saff rhag yr heddlu iaith,
fedr y securitate camdreiglo neud dim byd ichi chwaith,
neith o rantio dros ryddid a dros fenyn o Gymru,
ella fod o'n gynhyrchydd, ond fydd y chwyldro ddim ar y
teledu.

Torra air efo rhywun,
a hwnnw'n air Cymraeg,
den ni i gyd yn nabod Rhywun,
defnyddia Dafod y Ddraig.

So dyna hanes Ifor ap Glyn;
os nag dech chi'n ei nabod, mi ddylech erbyn hyn,
yn ei ardd, di o ddim yn tyfu moron,
ond mae o'n fardd, yn brifardd efo coron.

Y Barbeciw

(ar alaw 'Rhagluniaeth fawr y Nef')

Caf luniaeth amser te, mor hyfryd yw
cael ffidan helaeth iawn ar farbeciw;
bob tro y gwelaf haul rwyf allan yn yr ar',
yn llosgi byrgers bîff a wings cyw iar.

A phrocar haearn hir sydd yn fy llaw,
mae'n handi er mwyn cadw'r cacwn draw:
mae mwg yn llenwi 'ngwallt, a'r cig yn ddu ei liw,
ond fi di'r boi sy'n dallt y barbeciw.

Mi gwciaf Alun Cairns ar farbeciw,
ei roid o ar y tân a'i rostio'n fyw,
ei holl ymgreinio blin a losgaf yn y gwres
a dathlu efo gwin a mayonnaise.

Ei ludw eirias sydd yn olau gwir,
ei ddryswch mwyaf, mae yn drefen glir;
daw clwyddau'r Tori bach yn fuan oll i ben:
bydd synnu wrth gofio'r rhain tu draw i'r llen.

https://www.bbc.co.uk/programmes/p06gkw8w

Mae'r Oriau'n Hir (Cân Cofid)

(ar alaw 'Mae'r Oriau'n Hir')

Mae'r oriau'n hir pan wyt ti adre'n gaeth
Dim hwyl, dim cwmni, mond fi a'r botel laeth
Dwi di trio cyfarfodydd Zoom, ond does na ddim byd gwaeth
Mae'r oriau'n hir, mae'n gyfnod mor ddi-chwaeth

Darllen pob llyfr, gwylio pob ffilm - Does na'm byd ar ôl
Ailwylio yr Ewros, nes medra i adrodd sylwebaeth bob un gôl

Ma ngwallt i'n hir, dwi'n dechre tyfu barf
Dio ddim yn hyll, ond eto dio'm yn hardd
Dwi'n ffeindio'n hun yn neud rhyw bethe dwl
    fel peintio ffens yr ardd
Mae'r oriau'n hir, ie hyd yn oed i fardd

Eistedd i lawr efo pen yn fy llaw, meddwl am sgwennu cân
Sna'm byd yn dod – Iesu dwi'n bôrd, yn syllu ar ddalen lân

Dwi'n clirio'r tŷ, cael gwared â'r holl jync
Ta-ta i'r t-shirts a'r recordiau pync
Ond ma'r Monopoly di cael ail oes, y Sgrabl a'r Ker-plunk
Mae'r oriau'n hir, dwi'n flin fel Garry Monk

Treulio y nos yn gorffen jig-sôs, mae di dod i hyn
Ma'r ffwti yn ôl: neb i ddathlu 'run gôl, o, pasia'r botel jin

Mae'r oriau'n hir yn tŷ ar ben dy hun
A dim gwahaniaeth rhwng dydd Sadwrn a dydd Llun
Mae pawb ar Twitter'n ffraeo am ryw ferch
    oedd yn arfer bod yn ddyn
Mae'r oriau'n hir pan wyt ti adre
Mae'r oriau'n hir, bob dydd fel blwyddyn
Mae'r oriau'n hir pan wyt ti adre dy hun

Nici (mewn trôns)

(ar alaw 'Billericay Dickie')

O'n i wedi cymryd sici
pan es i efo Nici;
gen hi sgwydde fatha brici
ond oedd hi'm 'n mynd ar 'yn wic i;
mi aethon ni am gwici,
oedd hynny braidd yn trici,
'chos oedd hi'n mynd efo Mici
a finne efo Vicky

ond gofynnwch chi i Nici
pam fod fy nhrôns yn stici,
dwi ddim yn blydi thici,
Gofynnwch chi i Nici.
Dwi yn fardd
sy'n gwisgo trôns.

Gwenno, Eleri, Angharad a Gwerfyl

(ar alaw 'Caffi Gaerwen')

Gwenno, Eleri, Angharad a Gwerfyl –
Pedair o ferched a gafodd Gwyn Erfyl,
a Gwerfyl, Angharad, Eleri a Gwenno
'di'r rheswm does genno fo'm gwallt ar ei ben o.

Gwenno, hi ydi'r gynta, mi dreuliodd hi flwyddyn yn Ffrainc
lle trodd yn eithafwraig Lydaweg ac ymddangos gerbron y Fainc.
Angharad ydi y babi sy wastad efo digon i ddeud,
ond cheith hi ddim dreifio eleni ac ma'i'n plagio pawb o hyd am reid.

Gwenno, Eleri, Angharad a Gwerfyl –
Pedair o ferched a gafodd Gwyn Erfyl,
a Gwerfyl, a Gwenno a Ler ac Angharad
'di'r rheswm dio byth yn cael cyfle i siarad.

Gwerfyl di hogan y partis, yn hoff o fynd allan am sbri
ond weithiau mae'n syrthio i gysgu, a'i chario adre sy raid i ni.
Leri, mae honno yn berffaith, mae pawb yn cytuno, dwi'n siŵr,
ac mae ganddi hi chwaeth ardderchog,
wel, jyst drychwch pwy ydi ei gŵr.

Gwerfyl, Angharad, a Gwenno a Leri -
efo'i gilydd, ma nw'n gallu bod yn reit scary
ond ma Gwenno, Angharad a Leri a Gwerfyl
mor falch eu bod nhw yn ferched Gwyn Erfyl.

i Rhiain yn 50

(ar alaw 'Y Brawd Hwdini')

Wel, mi wena'r haul yn yr Eliffant, beth am botel o bybli,
achos ma Rhiain ni yn hanner cant ac mae hi dal yn lyfli.
Den ni yma'n stwffio sosej rôls a vol-au-vents a Pringles,
a lle mae Rhiain? Yn y toilet yn trio cyfro'i rincls.

La, la, la la la la...

Wel, ti'n cofio'r daleks a Dr Who a hula hoops a spangles
a Gordon Livsey ac Acker Bilk a mini skirts a bangles.
A Twiggy, Kinks a Mary Quant a Georgie Best a Chelsea –
Os ti'n cofio rhein i gyd ma raid dy fod ti'n fifty.

La, la, la la la la...

Wel, erbyn hyn ti'n hanner cant, yn gweithio i Mick a Lembit;
Llywydd Merched y Wawr, ti'n barchus nawr ac os oes gen ti
bres, you'll spend it.
Ma Dave o Leeds yn mynd o'i go 'run fath â Carys a Leri,
ond Rhiain, ti'm di newid dim, ti 'di chwaer y Brodyr Lovgrini

La, la, la la la la...

I Hywel yn 60

(ar alaw 'Michelle')

Hywel, wel wel,
Ti'n chwe deg ond wyt ti dal yn ddel
Fy mrawd Hywél
Hywel, dwi'n Jel'
Pam na cha'i lond pen o wallt jyst fel
Fy mrawd Hywél

He's sixty, he's sixty, he's sixty,
I think you know by now
Ddoe oedd o'n bum deg naw
Ond yn chwe deg oed, i'r cae pêl-droed
Bydd rhaid deud ffarwél

Hywel, o hel,
Sont le mots qui vont tres bien ensemble,
Tres bien ensemble,

Ti'n sixty, ti'n sixty, ti'n sixty,
Ti bron mor hen â fi
A dwi yn chwe deg tri
Den ni'n ddau hen ŵr, ond un peth sy'n siŵr
Ma Rhiain yn hŷn na ni.

~ ~ ~

Ond ei di byth yn hen, cei gadw'r wên,
Mae o i gyd yn dy ben
Fy mrawd Hywél.

Beryl – Milgi Maldwyn

(ar alaw 'Stella ar y Glaw')

Daeth haf a heulwen yma 'to, mae'n bryd i Beryl fynd am dro
i gerdded dan yr awyr las, tramwyo drwy bob tywydd cas,
a bellach mae'n Fehefin, ac ma'i sgidie ar ei thra'd,
mae hindda ar y brynie, ganddi awydd crwydro'r wlad.

Cychwyn cerdded yn y de, cyrraedd Maldwyn erbyn te,
Erbyn heno mae 'na sôn y bydd hi wedi cyrraedd Môn,
Ma'i wedi gwneud milltiroedd ers imi alw draw,
a cherdded dros fynyddoedd drwy heulwen, gwynt a glaw.

> Mae cerdded 'fo Beryl yn well na mynd ar geffyl,
> Milltiroedd meithion sy'n troi'n ddim
> wrth gerdded efo'r milgi chwim,
> pan mae Beryl ar y lôn.
> O Beryl, o Beryl, ti'n gredit i Lanerfyl –
> Milgi Maldwyn ar y lôn.

Does neb i gyffwrdd Beryl Vaughan, y Superwoman ar y lôn,
ma'i hegni yn ddiddiwedd fel – un o fwnis Duracell,
Ma'i'n gyfaill i'r Eisteddfod ac yn ddiwyd wrth ei gwaith,
ac mae pob un yn gwenu wrth weld Beryl ar ei thaith.

> Mae cerdded 'fo Beryl yn well na mynd ar geffyl,
> Milltiroedd meithion sy'n troi'n ddim
> wrth gerdded efo'r milgi chwim,
> pan mae Beryl ar y lôn.
> O Beryl, o Beryl, ti'n gredit i Lanerfyl –
> Milgi Maldwyn ar y lôn.

Meic yn canu'i gân

(ar alaw 'Merch o'r Ffatri Wlân')

Dim ond Meic yn canu'i gân,
wrth ei waith bob dydd,
heb boeni dim am y byd mawr oddi allan.
Roedd ei nos mor ddu a da,
roedd y brawd Hwdini yn byw yn y wlad
yn gweu hiraeth sydd fel cyllell drwy y galon.

Rhwng y gwymon môr a'r gog,
yn y gwely gwag, rhywbeth gwell i ddod,
mor hudol 'di'r peintiwr coch ar ein llwyfannau.
Ac mae'r dyn yn canu'i gân,
ac mae ysbryd Solfa yn di'no lan
ac mae môr o gariad yn nodau glân y tannau.

Dim ond Meic yn canu'i gân,
wrth ei waith bob dydd,
fe sy'n creu o'r geiriau drysor lliwiog.
Ac ma'i yrfa'n hir a llawn
a phob cân yn berl sy'n disgyn lawr
ac mae'r gwin a'r mwg a'r merched drwg yn gwybod.

I Rhys yn 60

(ar alaw 'Wastod ar y tu fas')

Dwi ddim yn gallu dawnsio,
Dwi'n gwrando i Radio Cymru,
Dwi'n eistedd yn y gornel,
Mewn Levis yn y capel.

Dwi ddim isie cyrraedd trigain,
Dwi'n dal i feddwl 'mod i'n ddeg ar hugain,
Yn y clwb ac yn y swyddfa,
Fi di'r un sydd heb golli ngwallt,
Dwi'n ifanc ond does neb yn dallt,
Dwi ddim yn mynd lawr yr allt,
Wastad heb golli ngwallt.

Dwi'n licio mynd i redeg,
mae fy merched i dros bymtheg,
oedd y Trwyne ddim yn pîdos,
o'n ni'n rhedeg rhag torpidos.

Dwi ddim isie cyrraedd trigain...

Dwi'n licio Pepsi Cola,
fel Llywelyn ein Llyw Ola,
Dwi'n teimlo lot o densiwn,
'mod i'n nesu at fy mhensiwn.

Dwi ddim isie cyrraedd trigain...

Cân *Lol*

(ar alaw 'Gwneud yr Arg')

Os wyt ti isio gweld bronnau, tin neu fol
gei di weld nhw i gyd rhwng tudalennau *Lol*
gei di englynion coch ac englynion glas
a straeon difyr, enllibus a chas
yn *Lol* ... ma pawb isio darllen *Lol* (x3)

Mae o'n ffynnu, mae o'n ffyni, mae o'n ddigri a doeth
efo'i hiwmor tŷ-bach ac efo Efa yn noeth
mae o dipyn yn anaddas ac yn hollol ddi-chwaeth
ma Elwyn Ioan yn ddigwilydd ac ma Robat yn waeth
yn *Lol* ...

Pan ddo'th o allan gynta o'n i 'mond yn ddeuddeg oed
ges i ddysgu ystyr newydd sbon i Frest Pen Coed
ga'th o'i fanio o'r Eisteddfod, ond ma'n haeddu clod
am ddatgelu yn union lle oedd Cynan 'di bod
Lol ...

Gŵyl Felin

(ar alaw 'W Cyrnol', Y Ficar)

Roedd Felinheli stalwm yn le sgwâr
ond wedyn ffeindiodd Dylan Huws gitâr
a gwrando lot ar Madness, rownd y rîl
cyn ffurfio'r Ficar Tw Tôn, a cael record deal.
Ond ma Dylan rŵan yn TV mogul fel Gwilym Ŵan
a pan ma'n mynd am dro, ma'n gwbod yn iawn lle ma isio bod:

Yng Ngŵyl Felin ... gŵyl Felin ... gŵyl Felin ... gŵyl Felin ...
Marcî mawr, bandiau da, barbeciw a bar.

Oedd Ieu a Dan ac Emyr yn dri brawd
yn byw yn Cloc Fiw, y bwthyn tlawd,
ond i Dani roedd y pentre yn rhy fach
ac aeth i Dre i fildio lle, oedd yn lot o strach.
Ac ma Dani nawr yn eistedd yn ei Galeri mawr,
ond deud y gwir ma'n bôrd,
ma'n breuddwydio am fod mewn tent ar lan y môr ...

yng Ngŵyl Felin ... gŵyl Felin ... gŵyl Felin ... gŵyl Felin ...
Marcî mawr, Arwel Pod, chi i gyd a bar.

Dyn cyfoethoca'r fro 'di Gari Wyn,
mi wnaeth ei bres yn rhedeg garej Glasfryn;
mi gafodd o yr enw gan ei dad,
ma'n gwerthu ceir i bobol Cymru, ond ddim yn rhad.
Ond ma Gari nawr isio ennill cadair y Steddfod fawr,
ond bob ha'n y bôn, ma'n ffeindio'i hun tu allan i'r Gardd Fôn ...

yng Ngŵyl Felin ... gŵyl Felin ... gŵyl Felin ... gŵyl Felin ...
gŵyl Felin ... gŵyl Felin ... gŵyl Felin ... gŵyl Felin ...
Marcî mawr, beirdd reit crap, portaloos a bar.

Yr Ymddiswyddiad

(ar alaw 'You picked a fine time to leave me, Lucille')

Wedi'i daro yn fud ar ôl Cwpan y Byd,
a llanastr ymgyrch Brasil,
Heb gysur i'w gael 'rôl perfformiad mor wael,
ymddiswyddo fu raid i Big Phil.
Penderfynodd mai gwell fyddai mynd i wlad bell,
gwlad lle na fyddai'n cael ei ddifrïo,
Ac felly Phil Fawr a ymlwybrodd i lawr
at y cei er mwyn hwylio o Rio.

'Rôl dweud ei ffarwél, a hwylio am sbel,
daeth i dref fach o'r enw Caer Saint,
lle chwiliodd Scolari am dîm i'w reoli,
a'r Caneris a gafodd y fraint.
A buan y canfu fod hen dref y Cofi
yn lot gwell na'r Copacabana,
(Ocê, does dim delw o Grist ar ben Twtil,
ond 'sna'm cerflun Lloyd Jorj draw yn fan'na).

Ond er bod y dre yn dipyn o le,
doedd tîm y crys melyn ddim cystal,
Felly galwodd Phil griw o Frasiliaid di-gliw
i ymuno â fo ar yr Oval.
A dyma nhw'n dod – y cyntaf oedd Jô;
cyn pen dim fe deimlai'n gartrefol,
"Dyffar Jo" oedd efe i gefnogwyr y dre,
am ei ddiffyg medrusrwydd sylfaenol.

Daeth Fred ar ei ôl, ond methodd y gôl,
a glanio 'Nghaerdydd yn y Bae,
Ond dim ots am hynny, daeth Alun Ffred fyny
i gymryd ei le ar y cae.
Cyn hir fe ddaeth Maicon i'r Cofis yn eicon,
fe'u clywn yn ei gyfarch yn llon
ar y Maes a Stryd Llyn, yn hwyliog fel hyn:
fe waeddent yn ddyddiol "Ma'i con'!"

Fedrai David Luiz ddim mynd llawer is
ar y cae, ond mi fedrai o ganu,
Ac yn salon Caprice gwelodd Sera Louise,
a bellach 'sdim modd eu gwahanu.
Ond methiant oedd Phil, doedd ei dîm ddim yn bril,
a phan gollwyd i dîm Clwt y Bont,
Heb droffis i'w sgleinio, bu raid eto riseinio.
Wel, 'tydi pêl-droed yn gêm front.

Mae o Yma o Hyd

Pwy sydd yn cofio Farage?
Ma pawb yn ei gofio fo
chos ma ar y teledu bob munud
a ma bron â ngyrru o 'ngho.
Ma'n sefyll dros annibyniaeth,
ma'n herio pwerau y Fall
mond un broblem sy efo hynny –
di Farage ddim yn gall.

> Mae o yma o hyd, mae o yma o hyd,
> er na wnaeth neb ei wa'dd o,
> na gofyn iddo, naddo,
> neith rywun plîs ei ladd o?
> mae o yma o hyd.

Pobol ddaw mewn o'r dwyrain
Pobol ddaw mewn o'r môr,
Stopiwch hyn, medde Nigel,
We just can't take any more.
Dan ni'm isio nyrsys o dramor,
ddim isio meddygon o bell,
ddim isio dim byd o Ewrop,
Ma popeth Prydeinig yn well.

Cofiwn i Nigel Farage
ddeud bysa Brexit yn grêt,
ond be sy i'w ddisgwyl gen idiot
sy'n galw y Donald yn fêt?
Ond er gwaethaf y ffaith fod Nigel
mor boblogaidd â dos o ffliw
mi fydd yma hyd ddiwedd amser
ar *Question Time* yn fyw.

Noson fawr

Es i'n Aelod Cynulliad yn saith deg oed
a dyna'r lle gorau fues i erioed
Sôn am oed yr addewid – dwi di cyrraedd fy ne'
efo Leighton a Carwyn, y Senedd ydi'r lle.

Dwi di neud ffrindie newydd, ac mae'n hwyl fan hyn
cael mynd allan i lyshio 'fo Ffred a Rhodri Glyn
Felly bob nos Wener dan ni'n hitio y bars
mynd i chwilio am ferched, a smocio sigârs.

Dechrau'r noson yn brydlon yn y Mochyn Du,
gadael Ieuan yn fanno, efo'i ben yn ei blu.
Ymlaen wedyn i Dempsey's a Chlwb Ifor Bach
Yfed Jagerbomb chasers a smocio yn y tŷ bach.

Ffred a fi yn cael cwffas, mynd ychydig rhy bell
treulio awr fach wedyn yn sobri mewn cell
Ond toc dyma'r Arglwydd i'n cael ni allan o'r clinc,
Dowch efo fi, medde fynte, 'di byth rhy hwyr i gael drinc.

Lawr a ni tua'r docie i ryw glybiau amheus,
rhannu ciwbicl toilet efo hogan ddrwg neis.
Deud ta-ta wrth yr hogie, Rhodri, Dafydd a Ffred,
Deud wrth yr hogan ddrwg hyfryd – I think it's time for bed.

'Nôl i ngwesty pum seren, cael dwy botel o win,
ond yn y stafell wely aeth yr hogan yn flin.
Aeth i weiddi a rhegi a'm hitio efo'i bag.
Do, o'n i wedi sgorio efo Mick Bates mewn drag.

Dwi mewn sachliain a lludw ar ôl fy noson fawr,
pawb yn edliw fy mod i 'di gadael y Cynulliad i lawr.
Nid y meddwi a'r cwffio sy'n tynnu pawb i fy mhen
ond y ffaith 'mi rannu gwely efo aelod Lib-Dem.

"Gwin a mwg a merched drwg, o ie, o ie, o ie..."

Alun Cairns y Twat

(ar alaw 'Alan Bach MP')

Ma na goc oen yn weinidog yn San Steffan
Y Tori mwya afiach yn y byd.
Does ganddo 'mond un nod – crafu tin i fod yn Lord
'Swn i'n licio'i weld o'n gelain ar ei hyd.

Alun Cairns y twat, Alun Cairns y twat,
Hwn sy'n gneud bob Cymro da yn flin
ond does neb yn cymryd bet
ei fod yn siarad drwy ei het
yn ôl ei lais o mae o'n siarad drwy ei din.

Mi ffliodd faner Ingland dros Welsh Offis
A tynnu baner Cymru fach i lawr,
A ninna'n gweiddi'n groch – hei cont, lle ma'r ddraig goch?
Dio ddim yn fasdad bach, ma'n fasdad mawr.

Mae o'n crafu byth a beunydd i'r frenhiniaeth,
Rhoi enw'r twysog Charli ar y bont
Mae o'n meddwl fod o'n grêt, ac ma Carwyn Jones yn fêt,
Ond ma hynny jyst yn profi bod o'n gont.

Diwrnod braf efo Gregor

(ar alaw 'Diwrnod Braf')

Flynyddoedd yn ôl yn Lôn Ddewi, roedd teulu bach yn byw
Gwilym a fi ac Eleri, y santes wrth y llyw
Pan ddaeth cwpwl ifanc, yr Iorwerths, i chwilio am lety am sbel
Mi gawson nw fyw yn y seler, a ganwyd iddynt
faban del –
blydi hel!

Oedd y babi yn flin ac yn griwr – ei enw o oedd Rhys
Oedd raid inni hel y tri o'ma, a hynny ar dipyn o frys
Am be oedd o'n crio mor arw? Erbyn heddiw mae'r ateb yn glir
Bardd oedd y babi ac wedi deall holl argyfwng
Colli tir –
diwedd byd...

A pan mae'r byd yn dod i ben, mi fydda'i yn hen begor
A pan ma'r byd yn dod i ben, mi fydda'i efo Gregor
A pan ma'r byd yn dod i ben, mi fyddwn efo'n gilydd
A pan ma'r byd yn dod i ben, yn gwisgo – heb ddim cwilydd –
Het Huws Gray...

Codwn felinau gwynt

Mae trydan heddiw'n mynd yn brin,
rhaid gwneud ein stwff ein hun fan hyn,
ac wfft i'r olew, wfft i'r glo,
wnawn ni ddim rheibio tir ein bro.
Wrth atomfeydd dywedwn Na,
mae gennym ateb glanach 'ma,
mi awn yn ôl i'r dyddiau gynt
pan oedd pob ateb yn y gwynt.

Codwn felinau gwynt, codwn felinau gwynt,
Gwnawn ein trydan i gyd o ddim byd, codwn felinau gwynt.

Ond er mwyn cael y Mega watts
mae isio mwy, mae isio lot,
ac nid un felin ond saith gant –
anghofiwch am Lyfr Mawr y Plant,
a does na'm drws a boi bach blin
fel Windy Miller yn Camberwick Green –
na, amhersonol ydi rhain,
melinau modern, melinau main.

Codwn felinau gwynt, codwn felinau gwynt,
Mae'r London Eye yn dipyn llai nag un o'n melinau gwynt.

Ond ar ben hyn rhaid cael peilonau,
ond bobol, peidiwch torri'ch c'lonnau,
cofiwch eiriau Bardd yr Ha'
(sef Williams Parry, boi reit dda)
"Y peilon," meddai "sy'n ffantastic"
felly peidiwch a gwneud dim byd drastic.
Wrth droed pob peilon union syth
mae sgwarnog bach yn gwneud ei nyth.

Codwn beilonau mawr, codwn beilonau mawr,
Fel Williams Parry, dysgwn eu caru, codwn beilonau mawr.

Ac wedyn byddwn yn y niwl,
rhaid cael is-orsaf yn Abermiwl,
ond di hynny ddim yn *rhy* ddrwg chwaith,
'sa cael *uwch* orsaf yn llawer gwaeth.
Felly dowch felinau, dowch yn llu,
dowch i lenwi'n caeau ni,
dowch a'ch peilons mwyn a hoffus,
Amgylchynwch y Cann Offis!

Codwn felinau gwynt, codwn felinau gwynt,
Gwnawn ein trydan i gyd o ddim byd, codwn felinau gwynt.

Nid eu hanes nhw yw fy stori i

(fersiwn Cwpan y Byd)

Ma nhw'n sôn am Wembley ym mil naw chwech chwech
a'r flwyddyn fawr pan oedd Lloegr yn drech,
ac yn cofio leinsman oedd yn dipyn o rech;
  nid eu hanes nhw yw fy stori i.

Ma nhw'n sôn am Charlton a Peters a Banks,
ac yn sôn am Jyrmans, a Hitler a tanks,
isio i ni eu cefnogi, ond dwi'n deud 'no thanks':
  nid eu hanes nhw yw fy stori i.

  Ma nhw'n chwifio eu croesau o ffenest y car,
  ma nhw'n borio pob Cymro dros beint yn y bar,
  ma nhw'n rwdlan am Rwni a'i hen feta-tar (sal)
    ond twll din St George medda ni.

Ma nhw'n sôn am Gascoin a'i ddagrau yn lli,
ac am eu hanlwc efo sawl penal-ti
ond 'di'r pethau yma'n meddwl dim byd i fi;
  nid eu hanes nhw yw fy stori i.

    Albert Owen, y prat, a gododd fel twat
    a mynnu cael Deddf i gefnogi
    ein hannwyl gymdogion, y blydi Saeson.

Ma nhw'n sôn yn barod am y ffeinal mewn mis,
fel 'tae 'na ddim Sweden na Trinidadese,
so dowch o'na, Paragwai, curwch nhw plis;
    nid eu hanes nhw yw fy stori i.

    Ma nhw'n chwifio eu croesau ...

Y lemon môr

Y lemon môr sy'n anghyffredin
Y lemon môr a'i flas fel cregin
Yn nofio'n felyn ar y tonna
Mae'n well nag afal a banana.

Y lemon môr – dio'm yn bysgodyn
Y lemon môr – dio ddim yn flodyn
Y lemon môr sy'n ffrwyth arbennig
Y lemon môr sy'n ffrwyth dychymyg.

Os ewch am dro i Ddinas Dinlle
Does na ddim lemon môr yn unlle
Ond mae o'n bod, does dim amheuaeth
A'r lemon môr sy'n peri hiraeth.

Y lemon môr anadnabyddus
Y lemon môr sy'n ffrwyth anhysbys
Y lemon môr sy'n llawn rhinwedde
Y lemon môr di'n hoff ffrwyth inne.

GWEDDILL STWFF Caneuon yr Enw Da

Allez les Cymry (Ewro 2016)

(ar alaw 'Bend Me Shape Me', Amen Corner)

G / / / C / Am / x 4
Bm / / / C / / / D / / /
G / / / F / / / Em / / / E♭ / D /

'Nhraed i'n dal heb dwtsied y llawr, a babi dwi'n fflio,
Wedi neidio fyny a lawr, a chwerthin a chrio
Diolch i Coleman am yr ha', am y dyddiau da.

G / C / D / G / G / C / F / G / x 2

Gunter, Ramsey, Robson Kanu, Hennessey,
Taylor, Joe Ledley, Allen a Bale,
Williams, Chester, Davies, Joniesta,
Allez les Cymry, Come on Wales.

Haleliwia Robson Kanu, a'i gôl oedd yn briliant
Miloedd yn eu nefoedd, ma nhw ar y lori lwyddiant
Y Wal Goch sydd ar dân yn canu 'Calon Lân' ...

Arrive Alive

C / / / F / / / C / / / F / / /
C / D / F / / / G / / / / / / /

Os ti'n marw ym Mangor,
yn mynd i'r amlosgfa yn yr hers,
does 'na'm brys – paid â thorri chwys,
mae'r cerbyd wrth y giât yn cynnig gwers.

> **C / / / F / / / C / / / F / / / x2**
> **G / / / F / G / C / F / C / F /**
>
> Arrive Alive – ma raid ti gyrraedd yn fyw
> i gael dy losgi cyn mynd i siarad efo Duw,
> Arrive Alive – ma raid ti slofi i lawr
> ar y siwrne ola i gyfarfod â'r Bod Mawr.
> Os mai dyma'r peth ola wnei di yn dy fyw,
> Arrive Alive.

Pan ti 'di marw ym Mangor,
wrth fynd i fyny'r allt i'r Crem,
cofia gadw lawr i dri deg milltir yr awr,
er bod dy fywyd di ar ben
ma raid ti ...

> Arrive Alive ...

Gair o gyngor i feirwon Bangor:
gwnewch y siwrne ola yn siwrne saff,
ar eich ffordd i'r ne, cofiwch gadw dan dri deg,
peidiwch cael eich dal gan y camera craff.

Arrive Alive ...

https://youtu.be/71ImhvXk7aY?si=N9b-2QOEXWv9NCq4

Bore da

(i Ali Ismaeel Abbas)

Dm / **B♭** / **G**m / **A**7 / **x4**
Gm / / / **A** / / / **D**m / / / / / / /
Gm / / / **A** / / / **D**m rest
Dm / **B♭** / **G**m / **A**7 / **x4**

Bore da iti, Ali bach, mae'n fore da iawn i ti!
Do, mi gollaist ti dy freichiau, do, a dy deulu i gyd –
dy fam, dy dad, dy frawd, dy deulu estynedig sy 'di mynd;
ond paid â phoeni – rŵan mae'r Gorllewin iti'n ffrind.

Mae'r *Telegraph* a'r *Mirror* am y gorau'n codi pres,
a George Bush a Tony Blair'n gweddïo er dy les.
Cest anrheg gan dy arwyr yn Old Trafford, sef crys T,
(un llewys byr wrth reswm) 'di'i lofnodi gan y tîm.
'Sa dy ffrindiau'n eiddigeddus (petaen nhw'n dal yn fyw),
ond ni, dy ffrindiau newydd, sy bellach wrth y llyw.

Yr oeddet bron â marw mewn ysbyty yn Baghdad,
cest dy achub gan ein milwyr ni, a rŵan ti'm yn bad.
Mi sicrhawn y cei di'r breichiau plastig gorau sydd
fel y gelli sgwennu llythyr diolch atom ni ryw ddydd.

Pan ddihunaist yn y 'sbyty, yr oedd dy lygaid trist
yn gwanio ein cydwybod ni fel llygaid Iesu Grist,
ac ychydig diweddarach, pan agoraist ti dy geg,
mi ddeudaist nad oedd isio bomio plant, ond chwarae teg,
mae'n siŵr y gwnei gytuno, ar ôl gormes trefn Saddam,
mai pris bach 'di colli'th freichiau, dy frawd, a Dad a Mam.

https://youtu.be/-24AyiPQd4c?si=AZBWqUSsjfxvXM73

Busnes anorffenedig

F / B♭ / F$_{A}$ **/ G**m^{7} **/ F / B♭ / F**$_{A}$ **/ G**m **/**

Paid â deud wrtha'i 'fedri di'm caru dwy' –
mae 'na ddigon o gariad, ma'i mor hawdd caru mwy.
All'di garu cymydog, alli di garu ffrind,
all'di garu heb wybod tan eu bod nhw 'di mynd.

Dm^{7} **/ / / A**m^{7} **/ / / D**m^{7} **/ G**^{9} **/ B♭**maj^{7}c **/ / / C**^{7} **/ / /**

Fedran ni'm troi yn ôl,
'mond cerdded ymlaen,
mae be sy 'di digwydd 'di digwydd,
'mond heddiw sy'n bwysig,
does neb yn gweld be sy o'i flaen.

Munudau sy'n werthfawr ges i efo ti,
eiliadau cofiadwy, maen nhw'n annwyl i mi,
ac ambell i noson pan mae 'ngwydyr yn llawn,
adeg hynny dwi'n gwybod bod ni'n gwneud y peth iawn.

Pan dwi'n edrych i'r nefoedd ar y sêr di-ri
dw' isio hwylio yr afon i lle bynnag wyt ti;
mae 'na bethau sy'n fwy na ni, does 'na'm llawer yn llai,
ac os yden ni'n boddi, does 'na neb ar fai.

Fedran ni'm troi yn ôl ...

Mae 'na gymaint o bethau 'swn i'n licio'u gneud,
mae 'na gymaint o bethau 'swn i'n licio'u deud,
busnes anorffenedig ydi'n bywyd ni i gyd ...
busnes anorffenedig ...

https://open.spotify.com/track/3JDk3iLfy2xLL5tuU5F6ug?si=4961f64b95a34575

Cân i Seimon Glyn

(ar ôl darllen ymosodiad hiliol J. Street Porter yn yr Independent on Sunday, *a sothach y Blaid Lafur yn y* "Welsh Mirror"*)*

C / / / D / / / F / / / G / / / x2
F / / / Fm / / / C / / / / / / /
F / / / Fm / / / G / / / / / / /

Dydio ddim yn fater o ddu a gwyn,
Ond os 'dan ni am barhau ma raid parhau fan hyn.
Ma Beti Williams yn deud bod ni'n hiliol nawr,
A Janet Street Porter, ma honno'n deud pethau mawr.
Mae cenhadon casineb ar bob llaw:
Er mwyn elw gwleidyddol ma nhw'n lluchio baw.
Paid â meiddio poeni am yr iaith
Neu gei di d'alw'n hiliol, ma hynny'n ffaith

C / / / E / / / Am / / / F / / / x4
G / / / / / / /

Paid â pechu'r Welsh Mirror,
Paid â pechu New Labour,
os nad wyt t'isio dy droi'n esgymun
a gweld dy eiriau'n cael eu troi yn wenwyn.
Leicia'r iaith ond ddim gymaint â hynny,
cos we all speak English, don't we?
cau dy geg a tria fod yn ufudd:
croeso iti i'r cwl Cymru newydd.

Ma'r *Independent on Sunday* yn bapur call,
ddim run fath â'r tabloids sy'n ddwl a dall;
Ma'r *Independent on Sunday* yn ddeallus a doeth,
Fasan nhw'm yn meddwl cyhoeddi hiliaeth noeth.

Paid â pechu'r Welsh Mirror...

Iaith yr ysgol ydi Saesneg, ond be di'r ots?
and in the pub it's all English, but so what?
Paid â'i galw'n iaith estron, er mwyn dyn!
Ti'm yn dallt mai ti di'r estron yn dy wlad dy hun?

Paid â pechu'r Welsh Mirror...

Cân Streicwyr Friction

B♭7 / E♭ / Fm7 / E♭ / B♭7 / E♭ / D♭ / Fm F9

'Dan ni 'di cael llond bol ar gael ein cloi o'r gwaith,
ond a'n ni'm 'nôl o dan Smith, ma hynny'n ffaith.
Allan yma ddydd a nos yn y gwynt a'r glaw,
ceir yn pasio, canu corn a chodi llaw.

Gm / / / A♭ / / / Gm / / / A♭ / / /
Gm / / / A♭ / / / Fm7 / / / B♭7 / / /

Ac yn ôl ar yr aelwyd heno, ma 'na blant a gwraig,
ma nhw'n sefyll efo'r hogia'n gadarn fel y graig.

Rŵan 'dan ni'n byw a bod mewn hen garafán,
cael chware teg i bawb, dyna be 'di'r plan.
Diolch i Anti Lou am y bara brith,
jyst y peth i lenwi bol Gwil, Dafydd a Keith.

A phan fyddwn ni'n torri calon, a'r nos yn ddu,
ma cefnogaeth bobol C'narfon yn ein cadw ni yn gry.
Ffwrdd â ni.

E♭7 / A♭ / E♭7 / A♭ / E♭7 / A♭ / E♭7 / A♭ /
F7 / B♭ / F7 / B♭ / F7 / B♭ / F7 / / /

'Dan ni'n sefyll dros hawliau'r gweithwyr
a'r T&G, a chi a fi, a hogia ni,
Dydi Smith ddim digon mawr i'n hogia ni.

'Dan ni ar y lein ers dwy flynedd a hanner,
wedi martsio drwy'r dre o dan y faner.
'Dan ni 'di colli lot ond 'dan ni yma o hyd,
ac wedi ennill parch pobol ar y stryd, a dros y byd.

https://on.soundcloud.com/nw7N71zms3J65afXA

Canu gwlad

G / / / / / D /
D / / / / / G /
G / / / / / C /
C / G / D / G /

Mi ges blentyndod unig, llawn tristwch a llawn poen,
Trychineb erchyll oedd fy mywyd i;
Doedd gen i ddim chwiorydd, mi redodd 'mrawd i ffwrdd,
Fy unig ffrind yn y byd oedd Shep y ci.
Mi dagodd Mam ar frechdan jips pan o'n i'n bedair oed
Gan adael dim ond Shep a fi a 'nhad
Mi dorrodd 'nhad ei galon a bu farw 'mhen y mis
ond wedyn darganfyddais Ganu Gwlad.

C / / / G / / / D / G / x2

Canu gwlad, does na'm byd tebyg dan y ne,
Canu gwlad, am roi'r hen fyd 'ma yn ei le,
Canu gwlad sy'n gwneud y tristwch yn werth chweil.
Canu gwlad, pan fydda i isio crio'n groch,
Canu gwlad, a'r dagrau'n powlio lawr fy moch
Canu gwlad 'di'r ffordd i ddiodde mewn steil.

Trwy flynyddoedd fy llencyndod o'n i'n byw ar ben fy hun
Heb neb ond Shep i rannu peth o'r boen
Ond pan o'n i yn ddeunaw, mi saethwyd f'unig ffrind,
Oedd o wedi bod yn rhedeg ar ôl oen.
Ta waeth, mi ffeindiais gariad a'i phriodi hi un ha'
ond bu hithau farw toc mewn damwain car
a 'ngadael i yn unig eto heb gyfaill yn y byd
ond ma popeth yn iawn pan godaf y gitâr.

A heno ar dir y rheilffordd, dwi'n gorwedd dan y lloer
yn disgwyl y daw'r trên o fewn yr awr
Ond mae hi'n dechre goleuo, a dal ddim sein o drên,
mae'n debyg fod na delay ym Mhenmaenmawr.
Dwi'n codi a mynd adre i 'mwthyn bach digysur
i agor botel arall o Jim Beam,
a dyma lle dwi'n eistedd yn y gegin efo'r radio –
'Mond fi a John ac Alun a Doreen.

https://youtu.be/0GyP8DYPTBw?si=atOrn2HPm_9WmZSc

Diolch byth am y tîm pêl-droed

G / Bm / Em / / / x2
Am / / / D / / / x2

Wna'i byth anghofio'r flwyddyn: dwy fil ac un deg chwech.
Y flwyddyn gollodd y byd ei ben: blwyddyn casineb, blwyddyn amen.

O'r uffern yn Aleppo, i fomiau Brwsel a Ffrainc,
Gwleidyddiaeth Farage, Trump a Le Pen, y flwyddyn gollodd y byd ei ben.

G /F# /E /D C /B Am7 D x2
Em / GD / C / B7 / Em / GD / C / D / / /
C / D / Em /D /C /B Am / D / G

Ond diolch byth am y tîm pêl-droed
Mi gawson ni y gwyliau ha' gorau erioed
O Bordeaux i Toulouse, o Baris i Lille,
Cenhedloedd efo'i gilydd yn cyd-ddathlu yn chwil
Pan oedd Bale ar y bêl a Joe Allen yn gawr
A Chymru yn Ewrop efo'r gwledydd mawr
Roedd 'na hawl i freuddwydio am ddyfodol gwahanol,
Hwyl a chanu, a'r Gymraeg yn ei chanol.
Neb isio mynd yn ôl i'r gwaith
Pawb isio mwy yn '17.

A dyma ni eleni, dan glo ers blwyddyn gron
Be sy 'na rŵan ond brechiadau a phrofion,
A'r Cymry i gyd yn gorfod byw ar atgofion.
'Mond un peth sy'n ein cynnal, a'r byd yn dod i ben
Os ydi Prydain yn debycach i geto,
Ma Cymru'n ôl yn Ewrop eto!

Diolch byth am y tîm pêl-droed
Gawn ni wylie haf arall fel y gorau erioed
O Baku i Rufain, a wedyn ymlaen!
Fydd y Wal Goch yn symud ac yn canu ein cân
Pan fydd Bale ar y bêl a Joe Allen yn gawr
A Chymru'n Ewrop eto efo'r gwledydd mawr
Fydd 'na hawl i freuddwydio am ddyfodol gwahanol,
Hwyl a chwerthin, a'r Gymraeg yn ei chanol.
Neb isio aros mewn yn tŷ – pawb isio hwyl yn '21.
Pawb isio dathlu pob un gôl, a bod pêl-droed a Chymru'n ôl.

https://youtu.be/w_42bj7IDcc?si=yjrWEIwPpXjXrrDw

Dwi'n cael fy stalkio gan Siân Lloyd

Dwi'n cael fy stalkio gan Siân Lloyd, y ddynes deud y tywydd, **E^7**
ma'i'n anfon e-byst rownd y rîl a tecstio yn dragywydd. **E^7**
Mae cael fy stalkio gan Siân Lloyd yn brofiad reit anghynnes: **A^7**
ma'i'n ffonio'r tŷ 'cw'n ganol nos i sôn am 'ffryntiau cynnes'. **E^7**

Dwi'n cael fy stalkio gan Siân Lloyd. **B^7 / A / E / B^7 /**

Mae hi a Stifyn Parri Sws (sy wastad efo'i gilydd)
'di codi pabell yn 'rardd ffrynt, y bastads bach digwilydd.
Dwi'n cael dim munud i fi fy hun, wir yr, does 'na ddim llonydd,
mi ddringant fryniau ar fy ôl a nofio dros afonydd.

Ond wrth 'mi setlo yn y twb a'r bybls yn chwyrlïo,
mi ddaeth Meic Stevens mewn i'r dŵr!
Wel, wyddwn i'm lle i sbio.
Wrth lwc, doedd Meic yn gweld dim byd,
ma'n reit ddall heb ei sbectol,
so neidiais allan heb ddeud dim a mynd i'r dre am bybcrol

A mewn â fi i'r Morgan Lloyd i yfed peint mewn heddwch,
ond pwy oedd yno ond – SIÂN LLOYD!
Sut mae hi'n neud o, meddwch?
Dwi'n meddwl symud i Tibet, neu Kazakhstan, neu Cemaes,
a tyfu barf a gwisgo het i ddengid odd'wrth y ddynes.

Ond neith o'm gweithio, gwn yn iawn
lle bynnag y rhoddaf fy nhroed
yno'n aros amdana i fydd gwefusau coch Siân Lloyd.

Dwi'n cael fy stalkio gan Siân Lloyd.

https://open.spotify.com/track/74bqpjOsIEGPRnVMjMkE0A?si=c4e062a881424689

Gwylio Guto ar y teli

B♭ / F7 / B♭ / F7 / **x2**
Gm / D7 / Gm / D7 /
B♭ / F7 / B♭ / F7 /
E♭ / F / B♭ / Gm / **x3**
E♭ / F / B♭ / F7 /....

Dwi'n hoffi gwylio Guto ar y teli
yn sgwrsio efo'i fêts o'r ddinas fawr,
mwynhau rhyw orig ddifyr efo Katie,
ma'n amlwg bod y ddau yn ffrindie mawr,
a diolch wnaf bob dydd am ein sianel fach gartrefol
sy'n rhoi cyfle inni rannu perlau deallusol
rhai o gewri'r genedl fach sydd inni yn gymdogion,
mae mor braf cael cyfle prin i glywed eu llais.

Dwi'n hoffi gwylio Guto ar y teli,
does 'na ddim ffordd well o dreulio awr
na gwrando arno'n sgwrsio efo Nigel
i ni i gyd gael rhannu'i weledigaeth fawr;
o mor braf ein byd, mae S4C 'di'i gweld hi,
fodlon newid iaith er mwyn i ni gael ein haddysgu,
athronwyr mawr ein hoes sydd ar ein set deledu,
dyma gyfnod hollol grêt i fod yn fyw.

Ma Guto wedi mynd yn ôl i Lunden
i chware efo Boris a Rees-Mogg
neu redeg drwy gae ŷd efo Teresa
tra'n darllen gwaith Piers Morgan ar y bog.
Guto, tyrd yn ôl, paid â'n gadael heb arweinydd:
byddwn ni ar goll ac yn methu byth a beunydd
â phasio'r profion llym i gael bod yn wir Brydeinwyr,
o be na'n ni os na 'di Guto ar y bocs?

https://on.soundcloud.com/xbVVcdGEMFJSW4pj7

Hydref o hyd...

G / Am^{sus4} / D^{7sus4} / D^{7} / x4

Anwadal yw'r tymhorau yn ein byd
ond oes raid 'ddi fod yn hydref o hyd?
Dwi'n teimlo weithiau 'mod i ar ben fy hun
wrth weld y dail yn crino a cwympo fesul un.

C / / G$_B$ / / D$^{7}_{A}$ / / G Am^{sus4} G$_B$
C / / G$_B$ / / A^{7} / / D^{7sus4} / D^{7}
C / / G$_B$ / / D$^{7}_{A}$ / / G Am^{sus4} G$_B$
C / / G$_B$ / / A^{7} / / / / / D^{7sus4} / / / D^{7} / /

Angharad, ty'd a stori, a gwna hi'n stori dda
am Panch a Dai Ffostrasol a Til a Ffion Haf,
am Meinir, Dennis, Wyn a Rich, Dyl Môr a Carys Hall,
Iwan, tyrd â chân i ni, a Les, tyrd a'r roc a rôl ...

Anwadal yw'r tymhorau...

Welwn ni mo'u tebyg nhw, y rhai sydd wedi mynd,
dim ond hel atgofion yng nghwmni ambell ffrind
Ambell gân neu stori sy'n dal yn fyw ar hyd y lle
a hiraeth am gwmpeini yng nghilfachau tywyllaf y dre...

Welwn ni byth mo'u tebyg nhw, 'taen ni'n byw i fod yn gant,
pob un yn amherffaith, ond yn ei ffordd, pob un yn sant,
Bylchau siâp anwyliaid ydi'r bylchau gwaca' sydd,
ond o wybod lle i edrych mae'r anwyliaid yma efo ni o hyd.

Anwadal yw'r tymhorau yn ein byd
ond oes raid iddi fod yn hydref o hyd?
Dwi'n teimlo weithiau 'mod i ar ben fy hun
wrth weld y dail yn crino a cwympo fesul un.

https://youtu.be/BoT7hqGx1tc?si=LRk6w6NJ4qdPg7QC

Y Brits

A / / / D / / / **x4**
E / / / G / / /
A

Dwi'n cofio'r *Amen Corner's Greatest Hits*
a'r Spencer Davis Group pan o'n ni'n gryts,
doedd grwpie Saesneg ddim yn mynd ar 'y nhits,
'deud gwir, oedd pop Cymraeg i gyd yn shit,
ac felly heddiw, dwi'n thrild tw bits
achos ma'r Manic Street Preachers wedi ennill y Brits.

Ma bandiau Saesneg yn gneud mwy dros yr iaith
na grŵps Cymraeg – ac mae hynny'n ffaith
'n ôl Rhodri Williams, Cadeirydd Bwrdd yr Iaith,
so does dim byd wedi newid ers amser maith,
ond fedrith bandiau Cymru ennill y Brits sawl gwaith
ond fedran ni byth guro'r blydi Brits ychwaith.

https://on.soundcloud.com/jTtRaNMMFuhmj1BJA

Mae'r haul wedi dod

G^7 CG G^7 CG G^7 CG G^7 CG
C^7 FC C^7 FC C^7 FC C^7 FC
G^7 CG G^7 CG G^7 CG G^7 CG
F / C^7 / G / / /

Mae'r haul wedi dod, mae'r awyr yn las,
mae'r glaw wedi mynd, ta-ta tywydd cas,
dim cwmwl uwchben, mae'r awyr yn glir,
ma'i am fod yn ddiwrnod braf!

D / C / Bm / C / D / C / Bm / C /
D / C / Bm / C / D / C / Bm / B♭ / Am / / / D /

Awn i lan y môr efo Delwyn Siôn,
awn i Dinas Dinlle, mae'n well na nunlle.

Mae'r haul wedi dod ...

Gorwedd ar y traeth, yfed lot o laeth
efo Ifor a Betsan a Huw ac Iwan.

Mae'r haul wedi dod, mae'r awyr yn las,
mae'r glaw wedi mynd, ta-ta tywydd cas,
dim cwmwl uwchben, mae'r awyr yn glir,
ma'i am fod yn ddiwrnod braf!

https://youtu.be/bKxcuyuGWN8?si=NiZfCGggc20XzaqQ

Mae'r haul wedi dod i Wrecsam

Em / / / / / / / Am / / / B7 / / / x2
C / D / Em / / /

Hei Rob – mae'n heulog yn Philadelphia o hyd,
ond ddim felly ar y Cae Ras
Hei Rob – ti'n byw yn yr heulwen, yn braf dy fyd
ond yn Wrecsam den ni'n diodde'r tywydd cas

Hei Ryan – ti'n seren, ti ydi Dead Pool
ond yn Wrecsam o'n ni'n boddi mewn pwll go farw
Hei Ryan – wnest ti estyn dy law dros y dŵr
i helpu'r hen hen glwb drwy'r tywydd garw

C / D / Bm / Em / C / G(B) / Am / Am(G) / D / / /

Diolch i chi'ch dau, mae na obaith ar y cae,
mi ddaw'r dyddiau da yn ôl, gawn ni ganu "I mewn i'r gôl"

G /F# Em7 /D C /B Am D
G /F# Em7 /D C D G D

Ac ma'r haul wedi dod i Wrecsam o Philadelphia bell
Lori lwyddiant Ifor Williams yn ein cario ni i le gwell
Agora botel o Wrecsam lager, neu Aviation gin
Mae Rob a Ryan wedi dod i'n achub, mi ddaw eto haul ar fryn

Babi, tyrd i mewn o'r glaw...
Mae'r haul wedi dod...
Babi ma na sêr yn ein gwarchod ni,
maen nhw wedi rhoi man gwyn man draw.

Ac ma'r haul wedi dod i Wrecsam o Philadelphia bell
Lori lwyddiant Ifor Williams yn ein cario ni i le gwell
Ac o dan y llifoleuadau, y mwya welsoch chi rioed
Diolch wnawn i Rob a Ryan am achub ein clwb pêl-droed.

https://youtu.be/VbccvCKWHyg?si=xMEOsky_CHmISepA

Pobol od

A♭6 / / / G7 / / /
A♭6 / / / B♭ / D♭ /
Dm / B♭7 / A7 / / / x2

Mae 'na bobol od draw fanna
yn penlinio ar y llawr
â thyweli ar eu pennau
fel bugeiliaid yn sêt fawr.

Maen nhw jyst yn bobol od.

'Den nhw ddim yn byw yn fama;
dwi di'u gweld nhw ar TV:
enwau gwirion fel Osama:
'den nhw ddim fel chi a fi.

Maen nhw'n siarad iaith wahanol,
'den nhw ddim yr un un lliw,
ddim yn bwyta'r un un bwydydd
na'n addoli'r un un duw.

Tra'n bod ni yn bwyta mochyn
mi wnân nhwythau fwyta cath,
ac mae pob un efo locsyn;
yn y bôn 'den ni'm 'run fath.

Dwi'm yn siarad am eu lladd nhw,
nid terfysgwr ydwi, God!
Ond os ca'i barti, wna'i'm eu gwadd nhw:
maen nhw jyst yn bobol od.

https://open.spotify.com/track/2uvPUSLfMfjY9me0tj2Vpa?si=23f6055f3603405b

Rhedeg oddi wrth y Maffia

Dm / / / / / Gm /
Gm / Dm / A / / /
Dm / / / / / Gm /
Gm / Dm / A / Dm /

Pan ddeffrais i ddoe roedd pen ceffyl
ar y gobennydd nesa ata i
sgen i'm byd yn erbyn ceffylau
ond fysa caseg yn well gen i
Mi neidiais i o'r gwely ar fy union
rhag i neb feddwl 'mod i'n bent
Mi estynnais i am fy sgidiau
ond roedd rheini wedi'u llenwi 'fo sment.

> Dwi'n rhedeg oddi wrth y Maffia,
> maen nhw ar fy ôl i o hyd
> a dwi ddim jyst yn deud hyn am laff, ia –
> 'di'r Maffia ddim ofn dim byd.

Mi es i am dro i'r siop sglodion
ac ordro dau bysgodyn a chips
a hynny er gwaetha fy mod i
yn rhoi pwysau mlaen o gwmpas fy hips
Ond o'n i'n teimlo'n eitha blinedig,
mi eisteddais i lawr yn y siop,
cyn hir mi o'n i'n cysgu efo'r pysgod
a'r chips a'r poteli pop.

Dwi'n rhedeg oddi wrth y Maffia,
maen nhw ar fy ôl i o hyd
a 'sna'm pwynt ichi ddeutha fi 'paffia' –
'di'r Maffia ddim ofn dim byd.

Es i draw i bractis côr Penrhyn,
ond o'n i'n gwbod fod na rywbeth o'i le
pan welais bod nhw'n brin o denoriaid
a bod Sopranos yn llenwi'r lle
Ges i gynnig na fedrwn i mo'i wrthod
i ganu draw yn Pesda Roc
ond pwy oedd yn hedleinio ond y Maffia;
ac ma'r ceffyl siŵr o ymddangos toc.

Achos dwi'n rhedeg oddi wrth y Maffia,
maen nhw ar fy ôl i o hyd
ac ella bod hon yn gân naff, ia,
ond 'di'r Maffia ddim ofn dim byd.

https://youtu.be/MD9j8j57vxo?si=Ez-LyCuK8kp0myYA

Syrthio ar fy Mai

C / / / F / C / / /
C / / / / / G / / /
F / G / Am / / / F / G / C / / /

A Siân yn dal yr ysgol, a minnau ar ben to
yn trio trwsio'r llechi, yng nghanol mwg tân glo,
mi dagais ar y mwg yn lân,
a syrthio'n glewt ar ben fy Siân.

Ar ôl chwe mis yn y 'sbyty, roedd Siân a fi'n ocê
er, bellach mae 'nghoes chwith i fymryn bach yn hwy na'r dde,
ond 'nôl yr es i ben y to
a syrthio ar ei phen hi 'to.

F / / / C / / / F / / / / / G / / /
F / G / Am / / / F / G / C / / /

Digwyddodd eto ac eto, y math yma o lol,
ac er nad fy mai i oedd o, mi gafodd hi lond bol.
I dorri stori hir yn siort,
gadawodd fi am foi o Port.

Os oedd fy nho yn ddarnau, fy nghalon oedd yn rhacs,
ond ffeindiais gariad newydd – geneth ddel o Halifax
(nid y dre, ond y gymdeithas dai)
a bellach rydwi efo Mai.

Dwi'n dal i drwsio'r llechi ar ôl y stormydd mawr,
a'r unig wahaniaeth rŵan ydi: Mai sydd ar y llawr.
Does dim 'di newid, fwy neu lai,
ond nawr dwi'n syrthio ar fy Mai.

https://youtu.be/du0TQcXArug?si=Tk-Mgn8jokcg665r

GWEDDILL STWFF
Caneuon Beirdd Eraill

Myrddin ap Dafydd

Llafnau

F / / / Fmaj7 / / / F7 / / / B♭ / / /
B♭m / / / F / / / Gm7 / / / C / / /
B♭m / / / FmA♭ / / / Gdim7 / / / G♭7 / / /

Ddoe mi welais y Gododdin
Oedd yn clywed cerdd Aneirin,
Sgwyddau culion rhwng dwy ywen
Yn crymanu'r crysau gwynion.
Rhesi mudion yng nghysgodion
'Naill a'r llall ar ymyl dibyn.

Yn eu llygaid, clywed syndod,
Yn eu dwylo, gweld eu chwithdod;
Heb y geiriau galar parod,
Llwyd y dallt yn eu hedrychiad
Fod 'na rywbeth wedi newid,
Nad yw terfyn byw yn darfod.

Daeth yr haearn anweledig
Ddoe i hogi'i hun yng ngolwg
Criw o lafnau gwyn crymanog,
Ac mi welen nhw drwy farrug,
Y Gododdin rhwng y cerrig,
Fod eu fory wedi'i fenthyg.

https://open.spotify.com/track/47z8rT7IscQMQNazXew4Li?si=f65e758fa9644742

Ar daith

Cmaj7 / **C**6G / **x4**
Dm7 / **G**7 / **x2**
F / / / **A**7 / / /
Dm / / / **B**7 / / / **E**m / / / **G**7

Mae'n fore, mae'n fagddu, a'r gwynt drwy Gymru
yn ddigon i chwythu hetiau pregethwyr Môn;
mae niwl ym Maentwrog, y ffordd yn droellog,
a'r cornelu'n frysiog: mae 'na ddiwedd ar siarad a sôn;
dim ond oel y galon sy'n troi'r olwynion,
a chlywed arwyddion: "Mae'n dda bod yn ôl ar y lôn."

Dm7 / / / **G**7 / / / **C**maj7 / / / **A**m / / /
Dm7 / / / **G**7 / / / **C** / **C**maj7 / **C**7 / / /
Dm7 / / / **G**7 / / / **C**maj7 / / / **A**m / / /
Dm7 / / / **F**mG / / /

Ar y milltiroedd maith,
mae llinellau gwyn yr iaith
yn ffordd agored drwy dy lyfr bach poced
ac mae'n rhaid iti wneud y daith.
Ar y milltiroedd maith,
mae llinellau gwyn yr iaith
yn ffordd agored drwy dy lyfr bach poced ar y daith.

Yn y pyllau marw, rhwng y trai a'r llanw,
mae cerrig garw y môr yn canu bas;
mae'n fachlud grawnwin, ac mae'r adar drycin
dan ffenest y gegin, a'r gwynt yn llawn dagrau bras –
Ond draw ar y tywyn, a weli di rywun
yn codi corun ei het at yr awyr las?

(A♭ / B♭ / C / / / A♭ / B♭ / G / / /)

https://open.spotify.com/track/4oue9M3CXFAIfI9SNsxcWr?si=531cba68eb1e4551

Mae pawb yn sant (yn ei ffordd ei hun)

F / /A / B♭9 / C7sus C7
B♭ / FA / Gm7 / C7sus C7
F / Am / B♭ / D♭ /
FC / B♭9 / FA / C7sus C7

Ac wrth i'r nos ddod drosom,
Wrth i'r dydd fyrhau,
Wrth i'r llanw dreio,
Wrth i'r gorwel gau,
Wrth i'r adar fudo
Dros y cefnfor gwyn,
I'r machlud yn Nhyddewi
Dwi'n gweiddi'r geiriau hyn:

Dm / Dm7C# / FC / B♭9 - B♭
G7 / C7sus C7 F / C7sus C7

Dwi ddim yn sant, dwi 'mond yn ddyn,
Ond mae pawb yn sant yn ei ffordd ei hun.

Ac wrth i'r pethau bychain
Chwalu fesul un,
Wrth i'r esgyrn dorri
Dan ddoethineb dyn,
Wrth i bob cyfrinach
Losgi 'ngolau'r dydd,
Mi gana'i yng Nglyn Rhosyn
Am y pethau cudd.

Dwi ddim yn sant ...

B♭ / / / **B**♭m / / /
Am / / / **G**m^{7} / **C**^{7sus} **C**^{7}

Mae gan bawb ei sgrepan,
Mae gan bawb ei groes,
Mae gan bawb ei daith ers bore oes.

Dwi ddim yn sant, dwi 'mond yn ddyn,
Ond mae pawb yn sant yn ei ffordd ei hun.

gyda chyfraniadau gan Iwan Llwyd
a Geraint Løvgreen

https://open.spotify.com/track/6CfN4R09sVHjJfcPsE4MgC?si
=66ca41c5610f43e7

Myrddin ap Dafydd

Nid eu hanes nhw yw fy stori i

D / /F# / G / Gm / x3
Em / Em7 / Asus4 / A /

Maen nhw'n sôn am Goncwest yn 1282
fel 'tae 'na ddim Cymru na Chymraeg 'di parhau;
Maen nhw'n sôn am gestyll a phyrth wedi cau:
Nid eu hanes nhw yw fy stori i.
Maen nhw'n sôn am Edward, Harri a John
Fel 'tae rioed dywysog gan y genedl hon;
Maen nhw'n sôn am gadw ond mae'u Cadw nhw'n con:
Nid eu hanes nhw yw fy stori i.

D / /F# / G / Asus4 A x3
Bm E7 A7 / D / GA A

Maen nhw'n cadw ein hanes rhag cerdded y tir,
Maen nhw'n mwmian nad ydi'r holl ffeithiau yn glir,
Maen nhw'n dewis eu celwydd a'i alw fo'n wir,
Ond ni piau'r dre erbyn hyn.

Maen nhw'n sôn am fyddinoedd a thaliadau brad
A chymaint fu'r gost er mwyn sathru gwlad
Fel 'tae Llywelyn o Gaeo 'di rhoi'i fywyd yn rhad:
Nid eu hanes nhw yw fy stori i.

Dm / /F / /E / /G / ...

Llywelyn o Gaeo a safodd fel Cymro, a'i angau yn sioe i ddiddanu
Y brenin Harri yn Llanymddyfri: mi gofiaf ei stori, a'i chanu.

Maen nhw'n codi pob carreg, yn adfer pob tŵr,
Yn twchu'r holl waliau, dyfnhau'r ffosydd dŵr
Ac yn llnau yr huddyg ar ôl tanau Glyndŵr:
Nid eu hanes nhw yw pwy ydw i.

Owain ap Gruffudd yn Harlech, Meirionnydd, a'i galwodd hi'n wlad, a rhannu
Fflam ei ddelfrydau gyda'r holl gymydau: mi gofiaf ei stori, a'i chanu.

Maen nhw'n cadw ein hanes rhag cerdded y tir...

https://youtu.be/M9wRBHgvw4o?si=X3D_Kaysu5nc-KA7

Baled Mansel a mi

D^7 / G^7 / D^7 / x4
E / / / G^7 / D^7 / G^7 / D^7 / / /

Mae 'na rywbeth personol rhwng Mansel a mi,
rhyw edmygedd troëdig, fel rhwng postyn lamp a chi:
mae o'n gyrru'i genhadon yn lluoedd i'm dal
rhwng Aber a Chorris, maen nhw'n llechu'n nhin wal
ac ar gorneli cuddiedig, lle mae'r sloganau'n sôn
am gofio Tryweryn neu anghofio Môn:

dwi'n cychwyn yn fore, cyn codi cŵn Caer,
gan yrru tua'r gogledd a gweddïo'n daer
y gwna'i gyrraedd Trawsfynydd a'r stretj 'troed i lawr'
cyn i'r gwylliaid wyth olwyn weld gwrid cynta'r wawr:
cyrraedd Mach yn ddiogel, heblaw am ryw ffŵl
oedd yn mwynhau yr olygfa 'while taking Josie to school':

dim amser am baned, rhaid croesi y bont,
ond rhwng cloc y dre a'r orsaf ymddangosodd y cont:
medrwn ei weld o yn gwenu'n gythreulig yn y drych,
a chyn cyrraedd y Ddyfi roedd o bron â 'ngyrru i i'r gwrych:
newid lawr yn fwriadol, glynu i ganol y lôn,
gwneud ei orau i 'nhroi i yn hylif yn y bôn:

ac wedyn dyma'r ornest ar droadau Aberllefenni,
doedd gyrwyr yr RAC na Gwyndaf ddim ynddi...
newid lawr, tynnu allan, cymryd cip heibio'r tro,
ond rhoi'r llinell wen rhwng ei olwynion oedd ei ymateb o:
trio gyrru'n lled gyfrwys, 'rafu lawr a dal nôl,
ond dydi marchogion Mansel ddim yn ddiniwed na ffôl:

o'r diwedd gweld cyfle, rhwng carafán a ffos,
a phob gewyn yn fy nghorff i'n dweud 'cym'a fo, dos!'...
cyn i'r horwth fy rhwystro roeddwn i heibio'n groen-sych,
a'i lygaid cochion, rhwystredig yn rhythu arna'i'n y drych:
erbyn cyrraedd Dolgellau 'doedd dim golwg o'r diawl,
a phob troed ar y sbardun yn gymanfa o fawl.
Fe gyrhaeddais i Fangor ar hyd lonydd culion a chudd,
ond fe wn y daw Mansel ar fy nhraws i eto, ryw ddydd.

A / G / F / A / D7 / ...

Mansel a mi, Mansel a mi ...

https://open.spotify.com/track/4KTPrTuQZC2Epb1qhh2klY?si=218
1daf4949147cb

Blŵs yn Nulyn

D Em DF# G A Bm AC# A7 x3
Bm / E / G6A / A7 /

Acenion Llundain a llygaid Sbaen
ar strydoedd y straeon a'r siarad plaen,
ac oglau pethau na chlywais i o'r blaen –
dyna 'di'r blŵs yn Nulyn ...

a gwên agored a thafarn ar gau,
a'r llefydd llonydd sy yng nghusan dau,
y waliau bregus a'r temlau brau –
dyna 'di'r blŵs yn Nulyn ...

G / / / DF# / / /
G / / / DF# / / /
E7 / / / GA / A7 /

felly paid â derbyn yr hyn maen nhw'n ddweud wrthat ti,
mae 'na haul am godi,
mae 'na ddyn ar y lleuad am wn i,
ac mae'r llanw'n gryfach yr ochor bella i'r lli ...

gwenoliaid yn gadael a chamlas a chi
a chwrw'n setlo am chwarter i dri,
a llwch hen siwrne ar fy siaced i –
dyna 'di'r blŵs yn Nulyn.

https://youtu.be/VjvnIoc-oUQ?si=a3GEuYbPFY2mzGu-

IWAN LLWYD

Calennig

C / / / Am / / / F / / / D7 / / / x4

Mae dwndwr oer mudandod
yn danfon y galon i'r gwaelod,
sŵn calan tylluanod,
sŵn y bwlch tryma sy'n bod,

Y bwlch rhwng y bae a'r byd
ar y ffin â'r gorffennol hefyd,
yn ffarwél diddychwelyd
llaw hardd sy'n pellhau o hyd:

G / / / FG / / / G / / / FG / / /
Em / / / F / / / Em / / / Dm / / /

A sŵn yr holl gusanau,
a sŵn yr holl gusanau
aeth heibio fel petalau
a'u persawr yn parhau.

https://on.soundcloud.com/Fhfax1KGq8bTQLDLA

Dail ar y Lein

G / C / Am / D / x8

Mae 'na ddail ar y lein,
ma 'na ddŵr ar y lôn,
ma 'na gamerâu'n ein gwylio ni yr holl ffordd i'r de,
ma 'na sbeis ar y ffôn:

Mae 'na lygaid llo bach
a chŵn yn y coed
ac mae'r diawled sy'n ein dilyn ni ar hyd strydoedd dre
mor gul ag erioed:

Em / D / C / D / x4

ond mae'r glaw yn ffeindio ei lefel ei hun,
mae 'na lechen newydd i bawb,
mae 'na ryw fath o derfyn yn aros pob dyn,
rhyw fath o haul yn mynd lawr:

mae 'na ddŵr ar y lein,
a dail ar y lôn,
mi wela'i di rywbryd wrth y stondin hufen iâ
ym mhen pella Sir Fôn:

mae 'na lygaid llo bach
a sêr ar y stryd,
mae 'na bobol yn cyhuddo ni o wneud pethau mawr;
dio'n golygu dim byd.

https://open.spotify.com/track/6vRNwyJwWyzBoCje8DXfKZ?si=03867f682c4d4df7

IWAN LLWYD

Dyna lle nei di ffeindio fi

D / / / G_D / / / D / / / G_D / / /
D / $F\#m_{C\#}$ / Bm / B♭ / D_A / / / A / D

Lle mae'r lleuad yn olau,
lle mae seren yn wen,
lle mae'r lôn ddiddiwedd
wedi dod i ben,
lle mae tri yn un ac un yn dri,
dyna lle nei di ffeindio fi:

ym mhen y groesffordd,
yng nghapel Parc,
lle mae dynion diniwed
wedi gwneud eu marc,
lle mae pob dirgelwch wedi mynd gyda'r lli,
dyna lle nei di ffeindio fi:

lle mae'r drws ar agor
a'r giât wedi'i chloi,
lle mae'r dŵr yn llonydd,
lle mae'r llanw'n troi,
lle mae'r hen ffyddloniaid dal yn eu bri,
dyna lle nei di ffeindio fi.

Bm / D_A / G / / / x3
Em^7 / / / A^{sus4} / / / A / / /

https://open.spotify.com/track/0FNnR3KSUmECpW0Z4HJL7H?si=4d2a043df4b54fd8

Ffarwél i Fangor Ucha

Intro D / G^{maj7} / D / G^{maj7} /
D / D$_{F\#}$ / Em / G /
Em / Bm / Em / G / Em A^{7}

Pobol od ac ogle da
o'r Eidal, Groeg ac Asia,
a chapel gwag yn llawn o gân –
dyna'r cyfan sy 'ma,
dyna'r cyfan sy 'ma.

Sut mae'r nos yn olau i gyd,
a sut mae'r byd yn hongian?
sut mae dyn yn torri'n rhydd
heb ffeindio'i hun yn unman,
heb ffeindio'i hun yn unman?

A / / / G^{9} / / / A / / / G^{9} / Em^{9} /

Ac mae'r loris trwm yn dal i chwyrnu'r nos:
ac mae Safeways heno'n ddinas aur a'i muriau'n goch.

Gwynt a glaw a gwylan y môr
yn felan ar y Fenai,
ac wrth i'r llanw ddod yn nes
rwy'n gwario 'mhres bob dimai,
yn gwario 'mhres bob dimai.

Strydoedd cul lle gynt bu'r iaith
yn deffro am saith y bora,
o'r Glôb i'r Garth yn ddiarth i mi –
ffarwél i Fangor Ucha,
ffarwél i Fangor Ucha.

https://open.spotify.com/track/4tnBpkDC2ApOJ2h3cjSx7i?si=a7889322e8a84d04

Ffarwelio

C / C_B / C_A / C_G / x2
F / F_E D / / / / / / / /
A_m / / / G / G_F / G_E / G_D

Rhwng Menlove Avenue a Penny Lane,
ar y tir cyfarwydd rhwng deigryn a gwên,
lle mae'r alaw yn ifanc a'r cefndryd yn hen
fe ddywedais i ffarwél:

roedd oglau Lerpwl fel gwin ar y gwynt,
a finnau'n difaru na ffarweliais i'n gynt
a rhoi fy mendith iddo wrth fynd ar ei hynt
a'r cymylau du yn hel:

> **F / / / F_G / / / C / / / C^7 / / /**
> **F / / / F_G / / / A_m / / / / / / / /**
> **G / G_F / G_E / G_D /**
>
> drwy byrth urddasol capel Heathfield Road
> codai rhai o'r emynau hynaf sy'n bod
> yn llawn o barch a hiraeth a chariad a chlod,
> ac wrth agor yr ymbarél

ar groesffordd Menlove Avenue a Penny Lane,
tu ôl i'r dagrau roedd yna ambell i wên,
a rhaid oedd cefnu ar y ddinas a'i hacenion clên,
o leiaf am sbel.

https://open.spotify.com/track/6VhLPJ1NL8mMCFlxw8VnV
X?si=d39c94f07d5e4045

Y Dieithryn

D / A / G / D / x2
D / F#m / G / D / D / A / G / D /

Roedd ganddo sgidiau o Sao Paolo a het o Bogota,
a modrwyau ar ei fysedd yn aur fel haul yr ha',
disgleiriai'i lygaid gleision â chyfrinachau'r daith,
ac roedd sawl hen gwffas creulon yn cuddio dan ei graith:

'doedd 'na neb yn cofio'i enw, ond roedd pawb yn cofio'i wên,
a'i wallt blêr yn gydynnau, a'i geg yn gam a chlên:
pob tro y trawai heibio roedd 'na sŵn a chwerthin mawr,
a phawb ganddo mor gyffredin â'r llwch sydd ar y llawr:

A / G / D / / / x2
A / G / F#m / Bm / G / A / D /

dyro gân, hen ffrind, dyro gân,
am y graig goch a'r gorwel ar dân,
am un yn arbennig, a phawb yn ddiwahân,
dyro gân, hen ffrind, dyro gân.

Mae ei hanes yn gyfarwydd ond 'does neb a ŵyr ei hynt,
o daleithiau y dyfodol i'r hen ranbarthau gynt:
mae o yno ym mhob cwmni, o Frasil i Wlad yr Iâ,
a'i sigidiau o Sao Paolo, a'i het o Bogota ...

https://youtu.be/cbF16PVDTQI?si=HfjbbDZGH93VdIjD

Walts Sara

G / B♭ / C / D / G / B♭ / C D G D

Ti'n cofio'r nosweithia yn y Villa Pantana,
pob peth ond y cwrw yn oer,
ac yna tynnu stumia, a ffenestri'r bys adra
yn stemio yng ngolau y lloer:

ti'n cofio Caernarfon yn y glaw llwyd digalon,
cymylau yn cau am y cei,
a hogan drws nesa a'i sgert am ei sodla,
yn chwythu cusanau bach slei.

C / / / G / E /
A7 / / / / / / / / / / / / / D / / /

Wel dwi'n dal i gofio'r cyfan
fel 'tae heddiw yn ddoe:
o Galan gwyn i Galan,
yn troi a throi yn fy unfan,
yn union fel ceffylau chwil y sioe...

ti'n cofio yr eira ar y lôn dros y Banna',
ac injan yn fan las ar dân,
ti'n cofio Bethesda a phawb ar eu glinia'
yn gweld y sêr yn y gân:

ti'n cofio'r gymdeithas, y gwres ar y teras
a'r gic ola'n glanio'n y gôl;
a throi adre wedyn ar ddiwedd hen flwyddyn,
ond wnawn ni ddim edrych yn ôl:

Achos dwi'n dal i gofio'r cyfan...

https://on.soundcloud.com/FnciJGuuokSGPYMV9

Y Gaucho

Am /G /F /E **x4**
G /F /E /D **x2**
F /E /D /C **E** /D /C /B **E** D /C B **/E**

Mae o 'di bod ar daith ers saithdeg chwech, mae o ar drên
sgrech o siwrne,
mae 'i wallt o'n gwynnu'n ara' deg, ond 'dio ddim am redeg adre:
mae ganddo gardie rif y gwlith ym mhoced ei siaced leder,
pob un yn dyst i'r saeth a wnaeth y gwaed sy ar ei goler:

D7 / / / **A**m /G /F /E **x2**
C / / / **E** / / / / / / /

ac mae 'na haul ac ogle diod ar ei wynt,
ac mae pob un taith yn gwneud i'w galon o guro'n gynt,
felly dyma 'obrigado' am y siawns
i flasu'r ŵyl a rhannu hwyl y ddawns.

Mae'r haul yn pobi'r palmant poeth, mae'n drannoeth y ffiesta,
ac mae 'na ryfel rhywle 'mhen draw'r byd, yr un hen ddedfryd
ara':
yn y stafell gefn mae hogiau'r paith yn yfed maté chwerw,
yn taeru nad 'u tylwyth nhw fu acw'n cadw twrw.

Mae'n bryd iddo eto groesi'r ffin, mynd am y drin ddiderfyn,
sy'n gwmwl ar y gorwel pell ac yn wlad anghysbell wedyn:
'does dim o'i ôl ond cawod lwch a'r tawelwch sydd yn dilyn
y storm a gododd wedi stŵr y gŵr na ŵyr un gelyn.

ac mae 'na haul ac ogle diod ar ei wynt,
ac mae pob un taith yn gwneud i'w galon o guro'n gynt,
felly dyma 'obrigado' am y siawns
i flasu'r ŵyl a rhannu hwyl y ddawns.

https://open.spotify.com/track/5MPuGzPnw2kFW6JCOd8J8n?si=61
1a99e8afc64fa0

Y Weddi

(ar ôl THPW)

INTRO: Am^7 / Bm / G / / / x2
Am^7 / D / C / G / x2
Em / / / D / / /
Am^7 / D / C / G /

Gwesty diarth, llygaid hardd,
llais y pellter yng nghalon bardd,
a thrwy fwg swnllyd y teliffôn
mae dinas arall i lawr y lôn:

cysgod angau, canu caeth,
deryn terfysg yn cerdded traeth,
ac ar y gwifrau blin mae cur
y diflanedig yn dod drwy'r dur:

C / / / G / / /
Em / / / C / / /
Am / D / G / / / x2

'Clywais hi'n gynnes o'm hamgylch,
mwynheais ei chyffwrdd swil,
a gwn pwy a'i gyrrodd i grwydro
o Gymru i gyrrau Brasil...'

Llain las a bryn crwn,
wyddost ti ddim am hyn mi wn,
ond rhwng y nos a'r gawod sêr
fe ddaeth yr iaith fel ffarmwr blêr.

https://open.spotify.com/track/52tliX7lvoR6YUuMnn4ioO?si=666bb0a9480147c1

Am fod yr Haul yn Noeth

G / / / C / D / ....

IFOR:

Mae'r gwir yn llenwi'r windsgrin dall
yn llosgi'r llygaid, brifo i'r byw,
yn drysu dreifar hanner call
sy'n cwffio'n ffyrnig efo'r llyw

Rhaid parcio'n pennau ar ymyl lôn
a'r drysau'n gorad led y pen
nes daw cydwybod ar y ffôn
i'n tywys 'nôl i'r llinell wen

Mae fory'n wrid ar orwel coch,
rhaid mynd cyn elo'r byd ar dân
rhaid gwario'r geiriau, eu sbydu'n groch
wrth sbidio ar adenydd cân.

MYRDDIN:

Mae breuddwyd boeth ar fy moch,
mae gwyddfid lond y gwynt,
mae gwin Afallon yn fy mhen,
mae cariadon yn cwrdd liw dydd,

Mae'r dydd yn gotwm gwyn,
mae'r pellter yn crynu fan hyn,
mae pelydrau'n aredig pridd,
mae pryfed yn llygaid plant

Mae jingyls hufen iâ'n fy nghwsg,
mae'r clowns wedi paentio 'nhrwyn,
mae'r afon yn boddi'i chân,
mae esgyrn y cwm yn lân.

IWAN:

Mae'r seloffên sy am y sêr
yn toddi'n belydrau blêr –
a phob cyfoeth fel gwêr:

mae twyni'r morfa ar dân
a'r tonnau'n ronynnau mân –
mae gwrid eu lludw yn gân:

mae'r nos yn goelcerth i gyd
a sidanau'r cymylau mud
yn llithro oddi ar sgwyddau y byd:

mae'r wawr yn llosgi i'r byw
a'r bore'n wreichionyn nad yw
ond gweddill sigarét Duw.

G / G^{maj7} / G^{7} / / / C / C$_{mA}$ / G / / /
A$_{m}^{7}$ / / / C$_{mD}$ / / /

GERAINT:

Tes yn gorwedd ar y tir,
a'r Mabinogi'n nes
am fod yr haul yn noeth.

https://open.spotify.com/track/5n3e4GH1bvKQhfJzxA4ENr?si=e440269f86dd40ed

Yma wyf inna i fod

E♭ / Cm7 / E♭sus4A♭ / B♭7(sus4) B7♭ x4
Cm / / / GmB♭ / / / A♭ / / / B♭7(sus4) / B♭7 /
E♭ / Cm7 / E♭sus4A♭ / B♭7(sus4) B7♭
A♭ / E♭G / Fm7 / B♭7(sus4) B7♭

Mae na ddau yn mynd i ryfel tu allan i'r Pendeitsh,
tra bo'r afon dal i chwydu'i phoen i'r Aber,
mae sŵn poteli'n chwalu, fel priodas, hyd y lôn,
a neb yn meddwl gofyn pam, fel arfer.
mae 'na ferched heb fodrwyau yn siarad celwydd noeth,
mae'r dref fel 'tai 'di'w mwrdro, ar ei hyd,
ond mae'r lleuad dal i wenu ar hen strydoedd budur hon
fel pob tref ddifyr arall yn y byd.

A♭ / / / E♭G / / / Fm7 / / / B♭7(sus4) / B♭7 /
A♭C / / / E♭B♭ / / / Fm7 / B♭7(sus4) B7♭ E♭ /
B7♭(sus4) B7♭

Mae'n flêr a does 'na'm seren
heno i mi uwch 'y mhen,
dwi'n geiban, ond yn gwybod
mai yma wyf inna i fod.

Mae 'na ddiwrnod newydd arall yn sleifio lawr Stryd Llyn
ac mae hogia'r ochor bella'n dod yn heidiau,
a dod y maen nhw i gwyno nad oes unlle gwell i fynd
cyn mynd i'r Harp i yfed efo'u teidiau,
does gynnon nhw ddim breuddwyd, na chwaith yr un llong wen,
ond mae gynnon nhw ei gilydd, reit o'r crud,
ac mae'r haul yn dal i godi calonnau'r dref fach hon
fel pob tre ddifyr arall yn y byd.

Mae'n flêr ...

A'r hogiau llygaid barcud, efo'u sŵn a'u rhegi mawr,
y rhein sy pia pafin pob un stryd,
ond y rhein a'u hiaith eu hunain sy'n cadw'r dref yn fyw,
fel pob tre ddifyr arall yn y byd.

Mae'n flêr a does 'na'm seren
heno i mi uwch 'y mhen,
dwi'n geiban, ond yn gwybod
mai yma wyf inna i fod ...

https://youtu.be/pXKlGrd5JF8?si=t-pc4WxTRNwmvG-e

Mynegai

CEFNOGWCH EICH SIOP LYFRAU LEOL

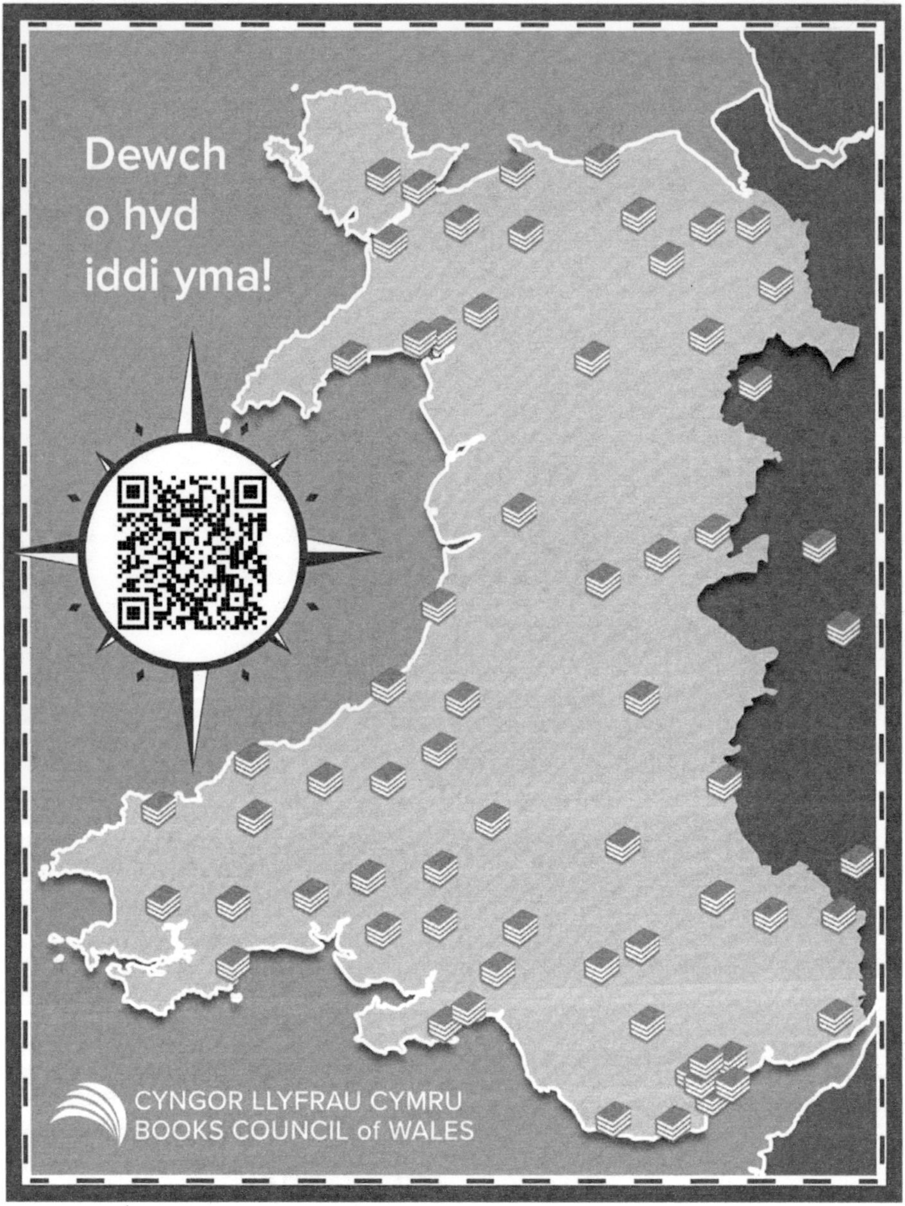